ÉDITCHÔ!

Julien NEEL

Chers lecteurs,

Il y a 20 ans, suite au succès de Titeuf, Zep et Jean-Claude Camano lançaient une collection et un magazine : Tchô!.

Le principe ? Drainer dans le sillage du héros à la mèche une nouvelle génération de personnages et les faire vivre dans les pages d'un mensuel au format inattendu. La première version du journal était une sorte de carte routière, pliée en quatre. Une véritable invitation à la découverte et à l'exploration : avec Tchô!, vous alliez faire un beau voyage !

Les débuts furent explosifs : pour une génération de jeunes auteurs, dont j'ai la chance de faire partie, le territoire vierge offert par cette grande page blanche fût le terrain parfait pour partir à l'aventure. Trois maîtres mots en guise de règle du jeu : la jeunesse, la liberté et la transmission.

La jeunesse, comme une évidence.
Nous avions tous grandi bercés par les héros de nos parents. Il nous semblait important de créer à notre tour, des héros pour nos enfants.

La liberté, car c'est la chose la plus importante du monde. Liberté de ton et de thèmes : nous pouvions aborder tous les sujets, rien n'était tabou. Et même, car ne l'oublions pas, c'est le journal de Titeuf, l'impertinence était encouragée.

La transmission, parce que c'était finalement, le sens de tout le projet. Zep nous a permis de partager avec vous, lecteurs vénérés, notre amour de la bande dessinée. Il nous a également accompagné, dans nos premiers pas d'auteurs débutants. À notre tour, nous avons accueilli et accompagné de nouvelles générations de dessinateurs et de scénaristes, forcément plus jeunes, plus talentueux, plus beaux et donc, forcément plus énervants. Une bande de copains, en somme.

Et puis il y a une équipe formidable, un nouveau rédacteur en chef, Nicolas Forsans, tous ont permis de créer ce premier numéro de la nouvelle formule de Tchô!.

Vous y croiserez des visages connus, et de nouvelles têtes. Nous espérons que nos héros, nos hérauts, vous feront rire, rêver, réfléchir et surtout qu'ils vous donneront envie, à votre tour, de raconter des histoires.

CADÔ

Ton mega poster !

PAR MR GARCIN

www.mrgarcin.com

tchômmaire

Suivez-nous sur facebook.com/GlenatBD

Supertchô! n°1 été 2018 • ISSN : *en cours* • Commission paritaire : *en cours* • Trimestriel édité par les éditions GLENAT, SA au capital de 5.000.000 € - RCS Grenoble 302 069 414, SIRET 302 069 414 00118 - Couvent Sainte-Cécile, 37, Rue Servan, 38000 Grenoble : 04 76 88 75 75 • **Directeur de la publication :** *Jacques Glénat* • **Fondatchô! :** *Zep et Jean-Claude Camano* • **Rédactchô! en chef :** *Nicolas Forsans et Julien Neel* • **Maquette et secrétariat de rédactchô! :** *Judicaelle Ménard* • **Logo et couverture Supertchô! :** *Julien Neel* • **Ont participé à ce numéro :** *Artizarnal, A. Barte, Boulet, Cookielie, Dab's, J-L. Deglin, M. Domecq, R. Drommelschlager, P. Drouin, E. Chamiot-Poncet, D. Evrard, A. Fléchais, J. Garnier, D. Gilson, R. Jolly, M. Lataste, Lorien, Lylian, I. Méziane, J-D. Morvan, Netch, J. Neel, Nob, R. Pujol, T. Priou, M. de Radiguès, Reno, S. Sassine, G. Saint-Félix, O. Supiot, Stan & Vince, Tébo, S. Tréfouël, Walter, Zep* • **Correctrice :** *Cécile Chavent* • **Distribution France :** *Prestallis* • **Réglage :** *Coraline Grandguillot* (Double 8 media) • **Publicité :** *Aurore Belluard, , 04.76.90.85.20/aurore.belluard@glenat.com et Marianne Fabre, 04.76.90.85.18/marianne.fabre@glenat.com* • **Fabtchô! et prépresse :** *Cécile Chabraud / Vincent Tixier, Julien Baleria, Claudine Delattre (Glénat Production)* • Imprimé en France en juin 2018 par Pollina, ZI De Chasnais, 85407 Luçon Cedex. Sur papier provenant de forêts gérées de manière durable • Remerciements à tous les lecteurs qui ont partagé leurs souvenirs de lecteurs avec nous pour le dossier des 20 ans, à tous les auteurs qui ont et vont participer à ce nouveau ***Supertchô!*** • Merci à Zep pour sa bienveillance, à Nob et Artizanal pour leurs précieuses archives. Pensée pour *Mix et Remix* • Dépôt légal : juin 2018. Loi N. 49.956 du 16 juillet 1949 sur les publications destinées à la jeunesse.

Résumé par Enora

Ma première rencontre avec Lou, à peine plus jeune que moi à l'époque mais quelque chose nous relie immédiatement et je deviens rapidement très fan ! Son quotidien est simple, entouré de sa meilleure amie, de son chat, de son joli voisin, de sa maman déjantée...

Journal Infime

Lou part à la campagne, chez sa grand-mère acariâtre et mangeuse effrénée de choux de Bruxelles. Pour échapper aux relations tumultueuses de ses aînées et oublier Tristan, Lou parcourt souvent seule la campagne et rencontre Paul, un garçon original qui lui fait découvrir son monde imaginaire très riche. Tristan lui paraît bien fade en comparaison...

Le Cimetière des Autobus

Mortebouse

Ha le cimetière des autobus et les affres de l'adolescence ! Ce tome m'a énormément touché, rendu un peu triste, je l'avoue... Mais il m'a rassuré et aidé d'une certaine manière...

Idylles

Les vacances au soleil, le temps suspendu, les histoires d'amour qu'on complique presque volontairement, les escapades en scooter. Lou et sa bande de copains traversent l'été avec insouciance et c'est une vraie parenthèse dans l'univers de Lou.

L'appartement de Lou en feu ? Vraiment ? Julien Neel n'a pas osé quand même ? C'est ça que j'aime aussi dans cette série : les surprises, l'inattendu qui surgit, alors que Julien aurait pu en rester à la situation confortable du tome 1 et broder à l'infini sur Lou, amoureuse de Tristan et cajolant son chat aux 1000 noms.

Laser Ninja

Fulgor

L'âge de Cristal

Bon, là il y a des cristaux qui poussent dans la ville, les portables ne passent plus, tout est étrange... Très déstabilisant pour beaucoup de lecteurs. Mais je trouve que l'on ressent fortement l'état de flou dans lequel se trouve Lou, qui commence à sortir de l'adolescence et à éprouver les questionnements sur son avenir, cheminement de tout adulte en devenir. Et puis il y a Fulgor, le petit frère, né dans l'album précédent. ♥

La Cabane

Surprise ! Le tome 7 est un flash-back et raconte les événements qui ont précédé l'arrivée des cristaux. On a droit à quelques explications mais surtout il y a cette énorme cabane dans les arbres que Lou fabrique avec tous les personnages de la série. Cela donne envie de sortir la caisse à outils et d'aller faire la même chose, retomber en enfance. On parle beaucoup dans cet album, surtout sur le thème de l'amour. Clin d'œil au banquet de Platon ?

En route vers de nouvelles aventures !

Lou part à l'aventure ! Je découvre les premières pages et n'ai qu'une envie, la suivre dans les différentes étapes de son périple...

Graphisme et maquette : Enora Chamiot-Poncet
Un énorme MERCI à Carole Neel pour son aide ♥

Quel est ton premier souvenir de lecture de Lou ? J'ai le souvenir d'avoir lu des planches de Lou dans un Tchô Mag, découvert grâce à ma cousine. Mais ce fut le déclic quand j'ai lu le premier tome, offert par ma maman, parce que j'étais malade...

Qu'est-ce-que tu attends le plus dans ce tome 8 ? La réponse à "Pourquoi ces cristaux ?!", "Richard... Il est où ?", "Bon, Tristan ou Paul ?" et bien d'autres.

Tu gères la page facebook I love LOU very much depuis 9 ans déjà. Qu'est-ce que tu veux nous dire sur les fans de Lou ? C'est une super communauté, j'ai toujours voulu que la page ait une ambiance un peu "à la cool". Et grâce à elle j'ai rencontré Julien, Zoé, Stef Nicolas... Merci à chaque fan d'I love Lou very much ! E.

Euh... C'est moi, là.

Tu cherches l'auberge de jeunesse?
Oui, c'est ça ! On m'a dit que c'était dans le quartier...
Oui : C'est juste là...
Mais, heu...
En cette saison...
... Ça risque d'être complet...
Ah mince...
Bon... Je vais voir quand même.
Vous aviez raison : complet.
Ah.
Ils m'ont filé un papier avec d'autres adresses, mais...
Si tu veux, on a un canapé...
Ah c'est très gentil, mais je ne voudrais pas vous déranger...
Hahaha ! Non mais t'inquiète pas : notre appart', c'est tout le temps le squat !
On aime bien rencontrer des gens !
Moi c'est Pauline, mais appelle-moi Violette, je préfère...
Moi, c'est Pyjama !
Enchantée ! Lou !
Fais pas attention au bazar, hein !
On a des chats : Tu aimes les chats ?
Ah oui : En ce moment, y a aussi la sœur de notre colloc qui habite là avec son copain.
... Et un collègue de travail de ma cousine qui est en galère...
... Et peut-être que j'en oublie !
Salut, tout le monde !
Pyjama ! Violette !
Saaalut !
Hey !
Y a des potes qu'on a pas vus depuis longtemps qui vont rester une petite semaine... Ça vous dérange pas au moins ?
Baah ! On va devoir se serrer un peu !
Guten tag !
Nous, on a rencontré Lou.
Enchantée !
Moi, c'est Jules...
SMACK !
SMACK !
Moi, c'est Chloé !
Moi, c'est Farouk !
SMACK !
Bienvenue Lou ! Je suis Constance !
SMACK !
C'est pas l'heure de l'apéro ?

Qu'est-ce que tu veux manger ?
Oh j'en sais rien, je vous fais confiance !
On a qu'à aller dans un Logan...
C'est bon...
Et puis c'est pas cher ! Hihi !
Bah... J'allais toujours au Logan avec mes potes... Alors... Si on pouvait éviter...
Un truc typique du coin, plutôt, si possible ?
Oui, c'est ça !
On a qu'à aller chez Ginette ?
Ils servent encore à cette heure-ci ?
Ou aux terrasses du port, sinon...
C'est que des trucs pour les touristes, là-bas...
Heu... Pyjama ? Nous on va au vernissage de Modoki. On se rejoint plus tard chez Patachon ?
Ça marche !
Alors ? Ça te convient ?
Trop !
En plus, c'est sympa, la musique !
Quoi ?
J'avais pas dansé depuis le début de mon voyage !
Ça m'avait manqué !
Ça fait longtemps que tu es partie ?
Non, pas tellement.
Pyjama ? C'est toi, mon pote ?
Héhé, mais qui voilà ! Vous faites quoi, là ?
On va à la fête chez Crapaud, ça vous dit ?
Pardon !
Pardon !
Non mais m...mec... J't'adore, toi : T'es c... comme mon frère, t... t'vois ?
T'es qui, toi ?
Je suis une copine d'un copain de Crapaud.
C'est qui Crapaud ?
On n'est pas chez Crapaud, là ?
Ah j'en sais rien.
J'ai super faim.
Je connais une boulangerie pas loin qui va bientôt ouvrir.
On te suit.

T'habites ici ? Parce qu'il ne me semble pas t'avoir déjà vue.
Ah non, non en fait je suis en voyage.
Je reste juste quelques jours ici.
C'est ce que je m'étais dit aussi.
Ça fait trois ans que je suis là.
Trois ans ?
Oui. Au début, ça ne devait être qu'une étape d'un grand tour du monde.
Genre pour trouver un sens à ma vie, tu vois le délire ?
Je crois.
Bah en fait, j'ai trouvé quasi du premier coup et je suis restée ici.
Ça me correspond, comme ville...
Qu'est-ce qui t'a tant plu, ici ?
Je ne sais pas : il y a plein de choses... Le soleil... Et puis... il y a moins de stress, aussi.
Mais surtout, c'est LES GENS.
Tu vois, de là où je viens, c'est l'horreur, les gens, ils se croisent, le matin, ils se disent pas bonjour ni rien.
Même pas bonjour ?!?
Ouais, si, mais ils disent ça machinalement, quoi, du style : "Bonjour."
Alors qu'ici, les gens, quand ils disent bonjour, ils disent vraiment bonjour, tu vois ce que je veux dire ?
...Et même quand ils disent pas bonjour, ils ont les yeux qui disent bonjour.
...Et puis ici, la vie est plus douce, je trouve.
Et y a la mer, pas loin y a des montagnes...
C'est bien pour les balades.
D'ailleurs on m'a dit qu'il y avait une grotte incroyable à visiter dans le coin... Et ça me dirait bien...
Ah oui, je connais : Je peux t'emmener, si tu veux...
Ça serait super !
Pas tout de suite par contre, j'ai des livraisons à faire, là...
Oui, et puis moi je dois dormir un peu quand même.
On se retrouve ici à dix-sept heures, ça te va ? Prends de bonnes chaussures, c'est une petite expédition, quand même.
Ça marche !
À tout à l'heure !
À tout à l'heure !
J'ai oublié de lui demander son nom.
Bon ben, il faut que je retrouve chez Pyjama, maintenant.
C'est par là, je crois.
♪ La vie est belle ♪
♪ J'ai sommeil. ♪
Humm... Pas un bruit... Tout le monde doit dormir, là-dedans...

JULIEN NEEL

C'est à cette heure-ci que tu rentres ?
Anyoung !
Saaaalut !
Holà !
Das ist Lou !
Guten tag !
Ah ben moi qui pensais vous réveiller !
Ah non, pas du tout !
Enfin y en a qui dorment dans le coin là-bas...
Nous, on allait faire un barbecue sur le balcon.
Tu veux une brochette ?
C'est gentil mais là j'ai **super** sommeil et...
Ah oui, pardon : t'as qu'à aller dans notre chambre, tu seras tranquille.
Y a ma cousine Juste.
... Et les jumeaux marrants qu'on a rencontrés chez Crapaud.
Je me souviens plus de ça.
Pardon...
Bonsoir...
Guten tag.
Désolée...
ZzZz
zzZzzz
ZzZz
Je veux bien une brochette, en fait...
Hihi : J'avais une vieille console comme ça, quand j'étais petite !
Enfin, c'était surtout ma mère qui jouait !
Hihi : Moi, c'était pareil avec mon père : il squattait les consoles.
... À tel point que dès que j'ai eu mon indépendance, je me suis fait un petit plaisir...
Viens voir...

Waouh!
Hé, mais celle-là : Ça me rappelle trop de souvenirs !
Tu peux l'allumer, tout fonctionne !!!
Hé, mais ce jeu : J'ai jamais dépassé le premier niveau tellement j'avais la trouille !
Je vais faire du café !
Là, tu le bloques...
Flèche de feu ! Flèche de feu !
Quand il est assommé, faut bourriner son point faible sous son ventre !
Tu y es presque : il a plus qu'un quart de vie !
YES!
J'aurais jamais pensé pouvoir le finir !
... Et en même pas deux heures !
Hihi ! T'as perdu la notion du temps, un peu, non ?
Hein?
Mais...
Mais c'est la nuit ?!
ENCORE?
Mais quelle heure il est ?
Quatre heures du mat', environ...
Je vais faire des pâtes...
Nooon ! J'avais un rendez-vous pour faire une excursion !
... Et en plus j'ai toujours pas dormi !
Où tu vas ?
J'en sais rien !
Je crois que je panique pour rien !
C'est la fatigue !

JULIEN **NEEL**

Bon, écoute-moi bien, Philippe : Je comprends pas ce que tu me veux : Tu m'as suivie toute la journée, ce qui est limite flippant, et là, tu restes là à me regarder sans rien dire…
J'ai peur que nous ne soyons pas faits l'un pour l'autre…
Tu t'appelles pas Philippe, c'est ça ?
Pourtant t'as une tête de Philippe.
Écoute, mon pote : Je te conseille de pas t'attacher. En ce moment, on peut pas trop compter sur moi.
Au lieu d'aller faire une excursion, je suis restée enfermée dans l'obscurité à jouer à des vieux jeux vidéo…
…Et j'ai trouvé ça super cool d'ailleurs…
Et puis j'ai posé un lapin à cette livreuse de fleurs…
… Je me dis que ma grand-mère dirait que je file un mauvais coton.
… Mais je me dis aussi que ma mère me conseillerait de ne pas culpabiliser à cause des choses que dirait ma grand-mère…
Du coup : Je pense à elles, et elles me manquent et mon petit frère aussi, et je parle à un chien et…
Snif.
Bon, Philippe…
Je vais t'autoriser **exceptionnellement** à me faire un câlin.
Philippe…
J'ai une livraison pour une certaine : "Lou la débile".
C'est moi.

C'était la seule façon que j'avais de te retrouver et de m'excuser.
Je ne connais même pas ton prénom...
Marylène !
Alors : Excuse-moi, Marylène.
Et bienvenue chez Violette et Pyjama !
Tu veux une brochette, Marylène ?
Bah... De toute façon... Pour te dire la vérité... Moi aussi, j'avais oublié notre rendez-vous...
Alors on a qu'à dire que l'on fait ça demain ?
Rendez-vous dix-sept heures sur le port ?
Ça marche !
Faut que je retourne bosser.
Moi, il faut que je sois sérieuse, que j'écrive à ma mère, que je me couche tôt et tout.
Biz Biz
Comment ça, dix-sept heures !?

JULIEN **NEEL**

Pfff!
Pff!
Pff!
Fiouuu! Excuse-moi : J'suis en retard...
Mais c'est... Pff... À cause... Pfff...
Violette qui a trouvé des sombreros pas chers...
Hein?
Je t'expliquerai.
Bon : En route vers de nouvelles aventures!
Zzz...
Ohé! On est arrivées!
?!
Hein? Qui?
Il va falloir marcher un peu vite si on veut y être avant la nuit...
Trop beau, la vue, d'ici.

Attention la tête...
C'est incroyable, ces couleurs...
Ça me rappelle ma couette quand j'étais petite...
Ta couette?
Là, il y a du calcaire qui s'écoule très lentement...
... les gens s'amusent à déposer des objets, et au fur et à mesure des années, ils se calcifient et se figent à jamais*...
*Véridique.
C'est super beau, mais un peu... effrayant, en même temps...
Je vois ce que tu veux dire...
Pourquoi tu tenais tant à visiter cette grotte?
Houlà... C'est une longue histoire...
Figure-toi que...
Eh ben quoi?
Heu...
Excusez-moi...
Je...
Was?
Ha, heu...
Non, rien, désolée!
Qu'est-ce qui te prend?
Laisse tomber.
C'est la fatigue... J'ai cru reconnaître quelqu'un...
Tu veux qu'on rentre? T'es toute pâle...

Violette ? Pyjama ?
Oui ?
J'crois que je vais partir.
Oh ? Déjà ? Mais tu viens d'arriver !
Ça fait un mois et demi que je suis là...
Alors je pense qu'il faut que je continue mon voyage et que je...
Bon, ben salut alors !
Hey ! Je vous présente Dimitri : Il ne sait pas où dormir !
Salut, Dimitri !
Bienvenue !
Willkommen !
Tu veux une brochette, Dimitri ?

À suivre...

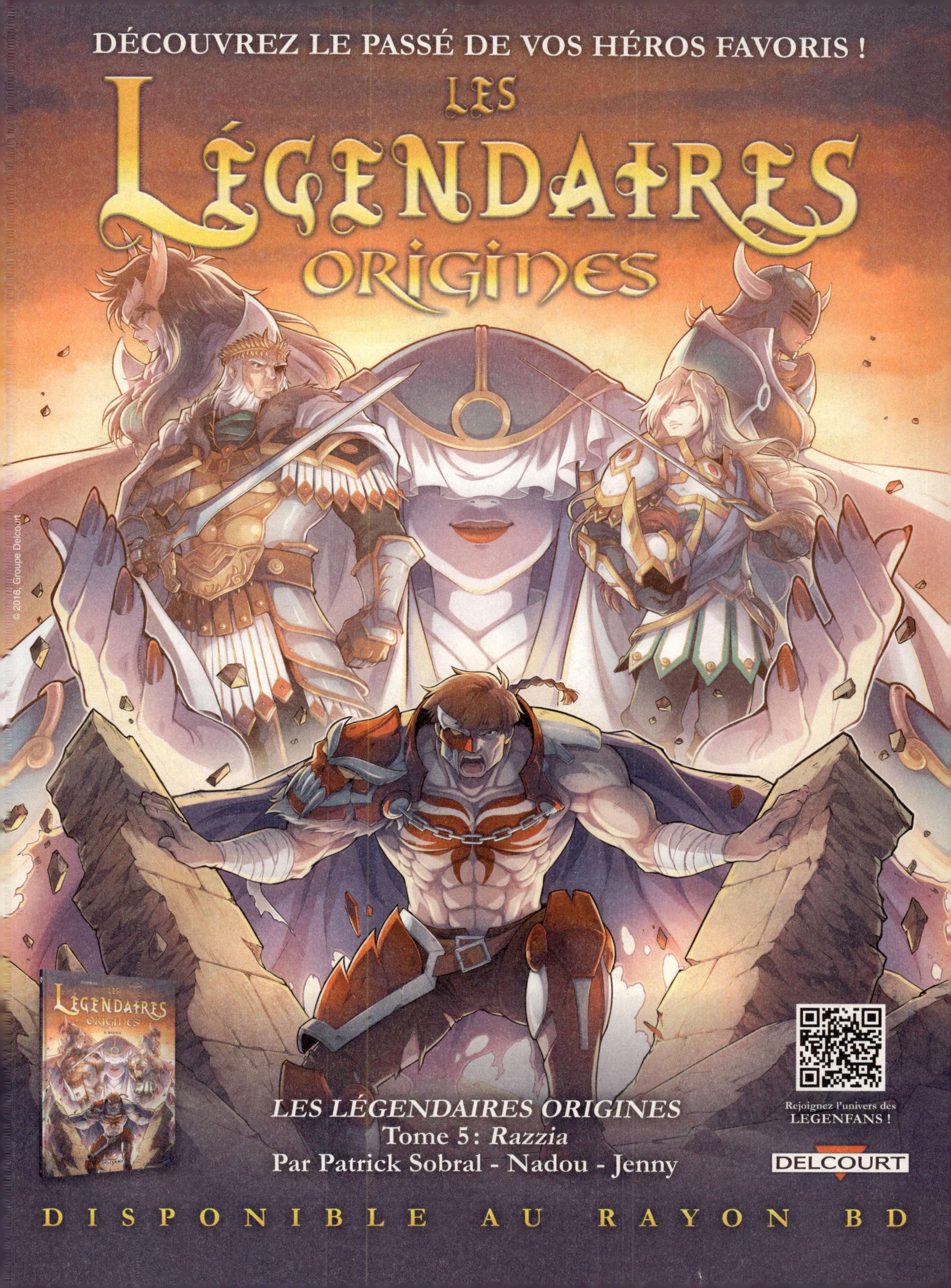
DÉCOUVREZ LE PASSÉ DE VOS HÉROS FAVORIS !
LES LÉGENDAIRES ORIGINES
© 2018 Groupe Delcourt
LES LÉGENDAIRES ORIGINES
Tome 5: Razzia
Par Patrick Sobral - Nadou - Jenny
Rejoignez l'univers des LEGENFANS !
DELCOURT
DISPONIBLE AU RAYON BD

INTERVIEW

Max DE RADIGUÈS

MAX, PEUX-TU NOUS DIRE QUEL RAPPORT TU ENTRETENAIS AVEC LA COLLECTION TCHÔ! ?

Quand le premier numéro de Tchô! est sorti, j'avais déjà 16 ans. J'étais dans une période où je me remettais à lire plein de bandes dessinées et mangas, je découvrais la BD « adulte ». Mais en kiosque, mon œil a quand même été attiré par cet étrange objet magazine/dépliant/poster qu'était le magazine de Tchô!. Et je suis devenu fan de plein de ses héros comme Titeuf, bien sûr, mais aussi Franky Snow (je faisais beaucoup de skate) et, plus tard, Lou.

AS-TU UN SOUVENIR DE LECTEUR À NOUS FAIRE PARTAGER ?

En 5e secondaire, l'équivalent en Belgique de la 1re au lycée en France, on devait faire un gros travail sur toute l'année, comme un petit mémoire, à présenter devant les 1res et terminales en fin d'année. J'avais choisi de parler des stéréotypes de la famille dans la bande dessinée. Fils de parents divorcés, je ne me retrouvais pas du tout représenté dans le modèle familial de bd de Boule & Bill, Cédric ou du Petit Spirou.

Titeuf était un de mes rares exemples d'une bande dessinée moderne et plus proche de la réalité avec des parents qui travaillent et qui peuvent se disputer ou même divorcer. Je suppose qu'on peut dire que Titeuf a grandement contribué à ma réussite en 1re...

COMMENT EST NÉE L'IDÉE DE LEXA ?

J'ai un bon copain qui est auteur de bande dessinée mais aussi drag-queen. Il m'a fait découvrir ce monde dont je ne connaissais pas du tout l'existence. C'est fascinant de le voir se transformer du petit latino en diva « glam et paillettes » (pour voir des photos : @workdish sur instagram). Grâce à lui, j'ai commencé à m'intéresser au sujet et à regarder entre autres « Ru Paul's Drag Race », une émission de télé-crochet, genre « The Voice » mais sur des drag-queens. Je suis assez fasciné par ces hommes qui se métamorphosent en femmes avec classe et humour. Mais quand tu les entends parler de leur adolescence, c'est souvent très noir et violent. Et c'est de tout ça qu'est né Axel.

TES PERSONNAGES SONT SOUVENT DES ADOS, PEUX-TU NOUS DIRE CE QUI T'INTÉRESSE TANT CHEZ EUX ?

On parle souvent des ados comme d'idiots qui s'en foutent de tout, bêtes et méchants, pleins de boutons, mal habillés, nuls à l'école... Pour moi, l'adolescence, c'est tout le contraire. C'est une période super riche pendant laquelle on est super sensible, super investi, on a des amitiés à la vie à la mort et on vit tout avec une intensité rare. L'adolescent est quelque part entre l'enfance et l'âge adulte, il se cherche, il change... Cette période de transition est super intéressante à traiter dans un récit.

L'esprit Tchô! c'est quoi ?

- Des anciens ados nostalgiques sans complexe -

TEHEM

J'avais pas raison? Ça t'a fait du bien d'accompagner ton frère? De sortir un peu de ta chambre?
Euh...
THUG
Qu'est-ce qu'on fout ici?
Choisis quelqu'un, Axel.
Quoi?
Choisis, j'te dis.
Je sais pas... Eux?
Mm... un couple.
Axel, tu viens aussi!

Qu'est-ce que...
Fais attention de ne pas montrer ton visage à la caméra.
Je pensais aller à l'italien mais c'est toi qui choisis...
AAAAAAH
AAAAH!
BAM
Hé, hé !
Axel ?
Aaaxel ? Alors ?
Euh... Bien sûr que tu avais raison, maman. Je peux sortir de table ? Je dois encore réviser pour demain...

À suivre…

Captain Biceps

Supertchô! ne serait pas complet sans le retour d'un personnage mythique de Tchô!. Le captain a son mot à dire, enfin plutôt son poing...

L'esprit Tchô!, par ZEP :
Sauvons le monde, mangeons des chips et obligeons Tébo à changer de slip...

L'esprit Tchô!, par TÉBO :
Les meilleurs dans l'humour !

ZEP & TÉBO, planches extraites de **Comment dessiner T1**

LA REMISE EN FORME DE CAPTAIN BICEPS
AVEC DEREK, COACH DE JUSTICIERS
899, 900, 901...
IL FAUT TRAVAILLER L'ENDURANCE...
LA PUISSANCE
BRAM!
HUM.
IL Y AURA UN PETIT SUPPLÉMENT.
LES RÉFLEXES
BIEN, BICEPS.
PTOW! PTOW!
LA SOUPLESSE
BOING! BOING!
LA CONCENTRATION
PLORF!
JE FAIS DU CONCENTRÉ DE MÉCHANTS.
L'ORAL
TA TRONCHE VA DEVENIR UN PUZZLE.
ON VA T'APPELER LA CRÊPE...
PAS MAL.
JE VAIS T'APPRENDRE À VIVRE DANS LE PLÂTRE !
BIEN.
TU VAS FAIRE CONNAISSANCE AVEC TON RECTUM.
M'OUI.
BOF.
LE MENTAL
CRASH!
10/10
LE VERDICT DU COACH
IL EST PRÊT.
ARGH.
CAPTAIN BICEEEPS !

CAPTAIN BICEPS
Le retour
JE CROIS QU'IL EST TEMPS DE REPRENDRE DU SERVICE...
LA JUSTICE ÉTAIT EN VACANCES...
EXCELLENT POUR LA REMISE EN FORME !
TU PEUX ME BATTRE ?
T'ES PAS CAPE !
OUAF !
BRAK!
J'Y SUIS PEUT-ÊTRE ALLÉ UN PEU FO...
OH, PUISSANCE MAN !
BRUK!
POISON-THÉRÈSE !
DOCTEUR ÉTRANGE !
C'EST PAS POSSIBLE... VOUS M'ATTENDIEZ !
QUEL PANARD, LES MECS !
HÉÉÉ !
PARTEZ PAS ! C'EST MA TOURNÉE !
COUP DE BOULE DANS LE BIDON, ÇA FAISAIT LONGTEMPS...

Le saviez-vous ?

AU COMIC CON, ON PEUT...

TROUVER DES BD RARES...

FAIRE DES SELFIES RIGOLOS

SE DÉGUISER

FAIRE LE VIDE DANS LE MÉTRO EN RENTRANT CHEZ SOI

36 sortes de lecteurs à retrouver

Super jeu !

SAURAS-TU RETROUVER DE QUEL TYPE DE LECTEUR DE TCHÔ! IL S'AGIT ?

• LE ZOMBIE • LE SALE • LE BOUTONNEUX • QUI EST MORT • L'EXOTIQUE • LE CRO-MAGNON • LE SCHWARZY • LE BICEPS • LE PAS NÉ • LE PROF • LE NOUVEAU NÉ • LE COCHON • LE FRILEUX • LE NUDISTE • LA BLONDE • LE PETIT • LE MOUTON • LE SOSIE • LE ROCKEUR • LE MYOPE • LE CHAUVE • QUI EST VIEUX • LE MUSCLÉ • LE RAPPEUR • LE GROS • LE GRAND • L'AVIATEUR • LE CUISTOT • LE GEEK • LA ROUSSE • L'HILARE • LE MASQUÉ • LE SNOB • LE VÉGAN • LE VIEUX MARIN • LE MOUSTACHU •

THOMAS PRIOU

Solutchô! : 1 : l'hilare • 2 : le sale • 3 : le gros • 4 : le nudiste • 5 : le boutonneux • 6 : le myope • 7 : le grand • 8 : le petit • 9 : le cochon • 10 : qui est mort • 11 : qui est vieux • 12 : la blonde • 13 : la rousse • 14 : le snob • 15 : le vieux marin • 16 : le musclé • 17 : le moustachu • 18 : le chauve • 19 : le biceps • 20 : le cuistot • 21 : l'aviateur • 22 : le végan • 23 : le sosie • 24 : le geek • 25 : le nouveau né • 26 : le mouton • 27 : le prof • 28 : le schwarzy • 29 : le frileux • 30 : le pas né • 31 : le masqué • 32 : le cro-magnon • 33 : le rockeur • 34 : le rappeur • 35 : l'exotique • 36 : le zombie

2 CYCLES
POUR UN
VOYAGE EXTRAORDINAIRE
FILIPPI★CAMBONI
CYCLE 1 : Le Trophée Jules Verne - Tomes 1 à 3
CYCLE 2 : Les Îles mystérieuses - Tomes 4 à 6
VENTS D'OUEST
www.ventsdouest.com

Toi aussi, deviens fantasticologue !
Sorceline
Sorceline
Au rayon BD
Comme Sorceline, découvre le monde merveilleux des créatures fantastiques...
VENTS D'OUEST
www.ventsdouest.com

Sur les conseils de Julien Neel, mon ami, j'ai pris mon courage à deux mains pour proposer à la rédaction du magazine Tchô!, ma B.D. "Nas poids plume".
Tchô!
JCC
Monsieur Méziane.
Entrez.
Ne t'inquiète pas! Rappelle-toi les conseils de Julien...
Un maracas, c'est bien...
...deux maracas, c'est mieux!
Mais pourquoi m'a-t-il dit ça avant de partir?!
J'ai lu "Nas poids plume".
J'aime.
Mais "Ismaël Méziane", ça ne marche pas comme nom d'auteur, ça fait trop chanteur de variété comme Mozart ou Mickey Mouse.
Euh... chais pas trop...
Je plaisante.
Ha! ha! ha! Vous m'avez bien eu!
Alors... Vous allez me publier...?
Le sens de l'humour est très important chez Tchô!
Un maracas, c'est bien!
Deux maracas, c'est mieux!
Huh! Huh! Huh! Huh! ...
...Ho! ho! ho! ho!...
...HA! HA! HA! HA! HA!
Tchô!

BANNISTER

La fermeture de l'usine a été très douloureuse !...
4 Pinette
... surtout pour René ...
Mais revenons à toi !
Tu sais, Moussa...
... il est pas commode !
Mais, si tu l'écoutes, il te fera avancer !
BOXiNG Club
D'accord, Belkacem.
Toi, va à la corde !
BOUGE-TOI !!!
Bon courage, petit !

Plus vite !
Vous pouvez me montrer comment on fait ?
10 tours !
10 quoi ?
20 tours.
20 quoi ?
30 TOURS DE SALLE !!!
Plus vite !
Pourquoi tu veux boxer ?
Pardon, monsieur...
... j'ai pas compris !
QUI T'A DIT D'ARRÊTER ?!!!
Pourquoi tu veux boxer !?

Je me fais embêter à l'école.
C'est pour te battre ?!
Non. J'aime pas la bagarre !
Alors pourquoi ?
Parce que ...
... Je veux plus avoir peur !
Stop !
C'est très bien, petit ! ...
... On a tous nos peurs à combattre !
BOXING Club
... En plus, il crie tout le temps !
Héhé, je t'avais prévenu !
Demain j'y retourne avec les copains !

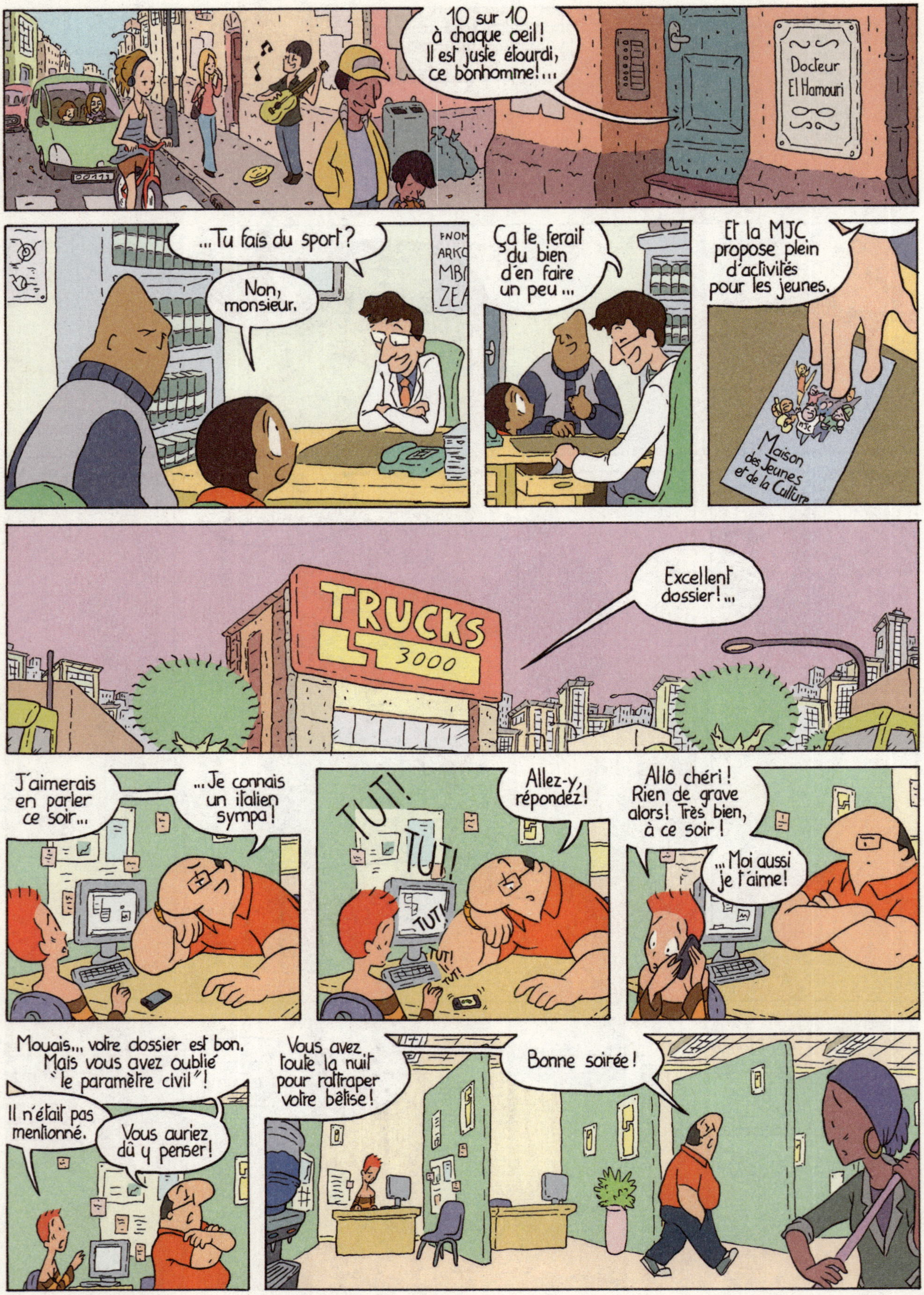
10 sur 10 à chaque oeil! Il est juste étourdi, ce bonhomme!...
Docteur El Hamouri
...Tu fais du sport?
Non, monsieur.
Ça te ferait du bien d'en faire un peu...
Et la MJC propose plein d'activités pour les jeunes.
MJC
Maison des Jeunes et de la Culture
TRUCKS 3000
Excellent dossier!...
J'aimerais en parler ce soir...
...Je connais un italien sympa!
TUT! TUT! TUT! TUT! TUT!
Allez-y, répondez!
Allô chéri! Rien de grave alors! Très bien, à ce soir!
...Moi aussi je t'aime!
Mouais... votre dossier est bon. Mais vous avez oublié "le paramètre civil"!
Il n'était pas mentionné.
Vous auriez dû y penser!
Vous avez toute la nuit pour rattraper votre bêtise!
Bonne soirée!

Maman!
Maman!
Maman!
Maman!
Maman!
...t'es où?
KESS T'AS !!!

Plus vite !
J'ai compris, monsieur !
Alors monte sur le ring !
Merci !
BOXING Club
Très bien, bonhomme ! Maintenant devant le miroir et fais-moi du Shadow boxing !

Boxe !
Contre qui ?
Eddy, montre-lui !
Parfait ! À toi, Nas !
Achi !
KiAïïï !
YATCHA !
Atch...?
...ouille !
?
...
J'ai pas compris, monsieur.
ALORS REVIENS QUAND T'AURAS COMPRIS !!!
BOXIN
Club
C'est quoi le "chat d'eau" boxing ?

BIBLIOTHÈQUE
J.L. DEGLIN
1 Beisson
Shadow (n)
Fr: ombre
ex: son ombre
s'étira sous
le soleil.
Eng: Her shadow
lengthened as
the sun set.

Et voilà !...
TRUCKS
3000
...Ça m'a pris la nuit mais j'y suis arrivée !
Bravo... Vous avez terminé la première partie.
1re partie ?!
En effet, et je veux la deuxième demain matin, sur mon bureau.
Bonne soirée !
Besoin d'aide ?...
...Plus tôt on s'y met, plus tôt on aura fini !
Mais Barrisa... Tu sais comment on fait ?
Pas du tout !...
...Mais j'apprends très vite !
TRUCKS
3000

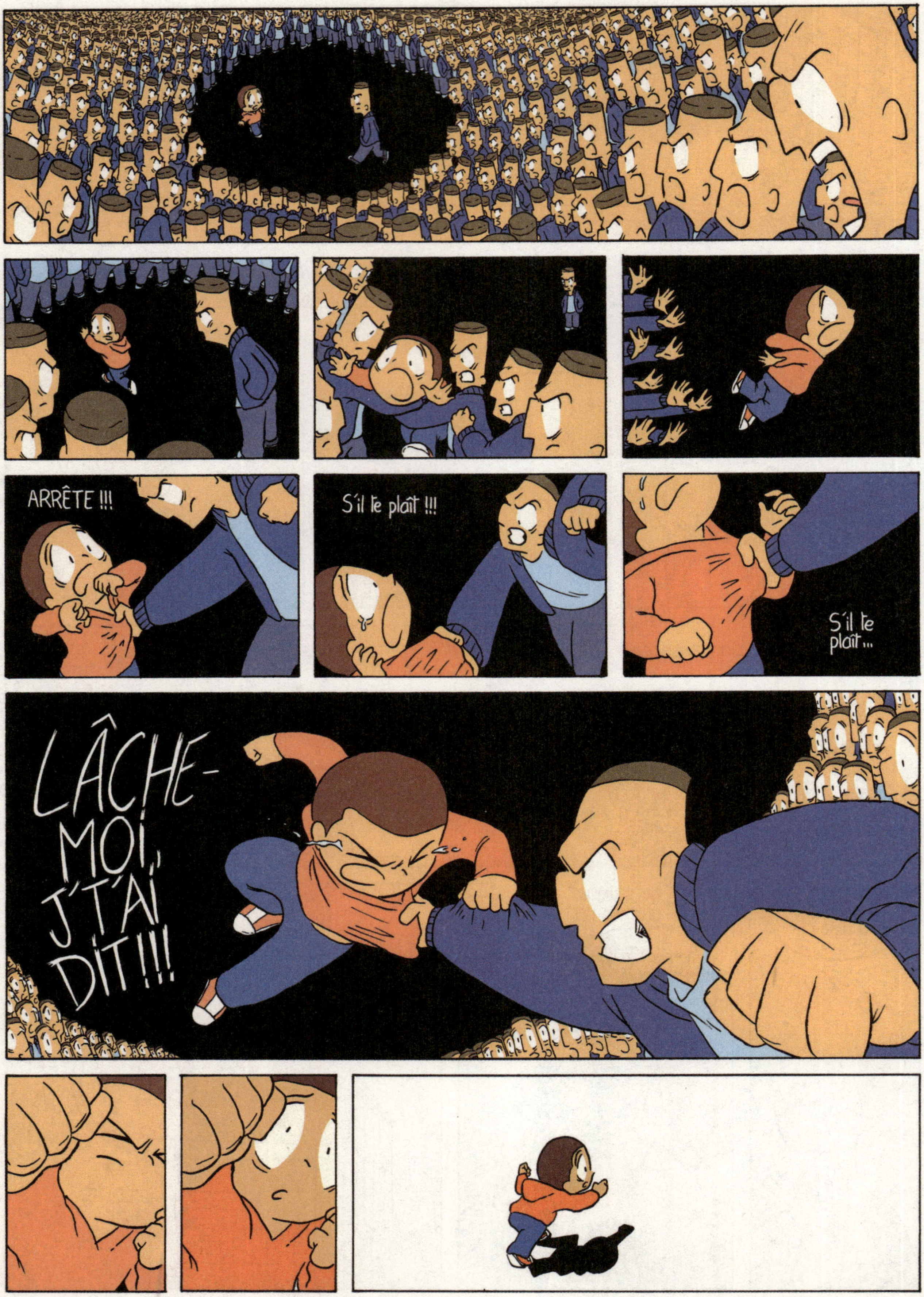
ARRÊTE !!!
S'il te plaît !!!
S'il te plaît...
LÂCHE-MOI, J'T'AI DIT !!!

ISMAËL MÉZIANE

Tu vois quand tu veux ?
Monte ta garde ! C'est ça ! Envoie le crochet ! Très bien !
BOXING Club
C'est pour moi ?!
Dépêche-toi de l'ouvrir !

SUPER JEU 2
1
TIENS ? TITEUF N'EST PAS LÀ ? OÙ SE CACHE-T-IL ?
2
TRADUIS LA BULLE AVEC LE DÉCODEUR !
ROMAIN PUJOL (couleurs : M. Paillat)
CE MONSTRE EST COMPOSÉ DE 6 PERSONNAGES DE LA TCHÔ! TEAM... SAURAS-TU DEVINER LESQUELS ?
3
Je crois qu'il essaye de communiquer ...
J'ai fabriqué un nouveau copain !
PATALO GATO!
I ♥ tchô!
4
PATALO S'EST TRANSFORMÉ EN GÂTEAU ! TROUVE LES 3 DIFFÉRENCES EN LE COMPARANT À L'ORIGINAL !
5
DR NUISIBLE A MIS AU POINT UNE POTION QUI TRANSFORME LES GENS EN HORRIBLE ÉTRON ! COMBIEN A-T-IL FAIT DE VICTIMES ?
Solutchô! : 1 : le Gros Chat de Marie Frisson est assis dessus (sur le canapé) • 2 : est-ce que je peux mourir, svp ? • 3 : les ailes de Raghnarok, le chapeau de Kuro (Bao Battle), la mèche de Franky Snow, la bouche de Captain Biceps, le corps de Mamette, les jambes de Tatoum (tib & Tatoum) • 4 : une étoile en plus, la sucette de gauche, la goutte de crème bleu devant la bougie • 5 : il y a 4 étrons (derrière le pot de fleur, à côté d'Ange le Terrible ; sous la table des gâteaux ; à gauche du canapé, au-dessus de Malika ; à droite de Tony)

Titi Poussin

interview

Le personnage que vous allez découvrir dans les pages qui suivent n'en est pas à ses vrais débuts. Titi est né dans un collectif, "40 auteurs contre le cancer des enfants", dans un album publié il y a quelques mois et toujours disponible : "la BD qui fait du bien". Titi est un projet solaire qui s'inscrit immédiatement dans cet esprit Tchô! que nous avons essayé de vous raconter au fil de ce numéro.

- FABIEN -

- TITI -

- Lylian, peux-tu nous préciser quel est l'univers de Titi et ce que tu nous prépares ? -

Titi est un petit garçon plein d'énergie qui vit dans un univers semblable au nôtre. Installé à la campagne, il va découvrir les joies de la nature, les grands plaisirs et les petites douleurs de la vie de famille. Ce qui fait la particularité de Titi est qu'il voit toujours la vie du bon côté, même s'il lui arrive les pires tuiles. Et elles vont lui tomber dessus, bien entendu.

De nouveaux amis, une nouvelle école, la découverte de la nature et des petits secrets de famille, la vie de Titi est très mouvementée et peuplée de personnages hauts en couleur, très différents, qui vont permettre aux lecteurs de découvrir d'une autre manière des sujets de société qui traversent nos vies.

- Paul, c'est la seconde fois que tu abordes un registre animalier, comment abordes-tu cet univers ? -

Ma première BD qui est parue chez Glénat en 2007, intitulée "Le moustiquaire de Berlin", parlait elle aussi de personnages animaliers. C'était l'histoire de deux moustiques espagnols qui allaient rendre visite à leur cousin à Berlin.

On veut faire une série qui s'inscrive dans l'esprit Tchô!. Je suis un grand fan de la BD Lou, et c'est vraiment ce genre d'album que j'ai envie de faire, à la sauce "Titi". Des albums qui parlent du quotidien, des difficultés et des joies que peut connaître un petit garçon en découvrant le monde dans lequel il vit.

On utilise des animaux mais on aurait aussi très bien pu la faire avec des humains, le côté anthropomorphe permet peut-être de m'éclater encore plus côté graphisme.

- JEANNE -

- PAULETTE -

- MAMITA -

*Retrouvez **Lylian**, **Paul Drouin** et **Lorien** en page 181, avec leur nouvelle série **L'aventure Fantastique***

L'esprit Tchô! c'est quoi ?

- Non Tébo... on ne va pas ENCORE faire une blague de caca... -

BOULET

LYLIAN, PAUL DROUIN & LORIEN

ET VOILÀ, C'EST LE DERNIER. ON VA POUVOIR Y ALLER.
TU LEUR AS DIT DE FAIRE ATTENTION À MES PIRATES ?
VOTRE MAISON SUR NOTRE DOS
TOUT VA BIEN, MON CHÉRI. CES MESSIEURS SONT DES PROFESSIONNELS.
APPELEZ-MOI SI VOUS NE TROUVEZ PAS L'ADRESSE.
BIEN, MADAME.
MONSIEUR TITI PARTAIT SANS DIRE AU REVOIR !
?!
LES POTOS !
ON NE VOULAIT PAS RATER L'OCCASION DE TE VOIR UNE DERNIÈRE FOIS, HEIN LES DANGEREUX ?
CLAIR ! TERREURS DES FILLES, PILLEURS DE BONBONS...
UNIS COMME LES CINQ DOIGTS DE LA MAIN... MÊME SI ON N'EST QUE QUATRE...
... RIEN NE NOUS SÉPARE. NOUS SOMMES LES DANGEREUX !
C'EST POUR TON DÉPART. TU L'OUVRIRAS PLUS TARD, OK ?
VOUS ÊTES TROP SYMPAS ! VOUS ALLEZ FAIRE QUOI CET ÉTÉ ?
MAINTENANT QU'ON N'EST PLUS QUE TROIS, ON VA CHERCHER UN AUTRE DANGEREUX.
MAIS TU AURAS TOUJOURS TA PLACE DANS LE GROUPE.
ET TOI, COMMENT ÇA VA SE PASSER ?
MA GRAND-MÈRE EST TOUTE SEULE, MAINTENANT. EN PLUS, ELLE EST TOMBÉE MALADE.
MAMAN, PAPA ET MOI, ON VA HABITER CHEZ ELLE.
ÇA S'EST PASSÉ SUPER VITE, JE N'AI PAS EU LE TEMPS DE VOUS PRÉVENIR.

À suivre...

LYLIAN, PAUL DROUIN & LORIEN

Julien NEEL

présente

Bergères Guerrières

« Mon **premier coup de cœur**, ça a été la couverture du tome 1 et les dessins incroyables d'Amélie. Ses personnages sont magnifiquement bien campés, ses décors vous transportent immédiatement dans une ambiance unique, sa fabuleuse technique de mise en couleur achève de faire exister cet univers. Et puis j'ai commencé à lire l'album, et je me suis laissé porter par le scénario de Jonathan.

Quel beau voyage !

C'est drôle, surprenant, les personnages sont attachants et la narration est d'une fluidité exceptionnelle. J'ai été happé par cet univers unique, et je n'ai qu'une seule envie : **découvrir la suite des aventures de Molly et de ses compagnons !** »

Bergères Guerrières T2

Le village est en danger !

*En mission pour chasser des brigands, **Molly**, **Liam** et leurs compagnons tombent sur une monstrueuse créature : **la Malbête**. Un terrible affrontement a lieu. La troupe parvient à en réchapper mais rentre au village dans un piteux état, des blessés dans ses rangs...*

Le conseil du village est inquiet : d'où vient ce monstre qui semble né de la magie noire ? Quelle menace représente-t-il pour le village ?

*Afin d'y voir plus clair et de chercher une protection, une délégation est envoyée sur la mystérieuse **île des sorciers**. Molly et Liam seront de la partie, l'occasion pour eux de faire connaissance avec **Sarah, la jeune sorcière aux corbeaux**...*

L'esprit Tchô! c'est quoi ?

- Rigolade, tendresse et bienveillance, avec une sacrée bonne dose de talent -

YOMGUI

JONATHAN GARNIER & AMÉLIE FLÉCHAIS

QUE... QUOI ?
JE CROYAIS QUE C'ÉTAIT MAMY QUI L'AVAIT FONDÉ.
COMME TA GRAND-MÈRE PASSE SON TEMPS À HUCHER SUR TOUT LE MONDE ET A INITIALEMENT DIRIGÉ L'ORDRE, LES GENS ONT TENDANCE À CROIRE QUE C'ÉTAIT SON IDÉE.
ET ÇA NE VOUS DÉRANGE PAS QUE TOUT LE MONDE PENSE ÇA ?
JE LUI LAISSE CET HONNEUR DONT JE N'AI QUE FAIRE.
CE QUI M'IMPORTE C'EST QUE L'ORDRE EXISTE ET QUE CHACUN DE SES MEMBRES SE MONTRE DIGNE DE SON RÔLE DE PROTECTEUR DU VILLAGE.
MOLLY ! JE T'ÉCHANGE MA MÈRE CONTRE TA TANTE ! S'TE PLAÎT !
JE... JE NE SAIS RIEN DE TOI, TATIE. QUI ES-TU VRAIMENT... ?
CRACK !
LA MALBÊTE !

KLING
TCHACK !
BAH ALORS...
C'EST COMME ÇA QU'VOUS DITES BONJOU, MAINT'NANT ?
EXCUSE MA FILLE, FIADA... JE LA SAVAIS À CRAN MAIS ELLE EST COMPLÈTEMENT STRESSÉE, OUI !
BAH, POUR SA DÉFENSE, IL FALLAIT DU NEZ POUR LES RECONNAÎTRE. ILS SENTENT LE FAUVE, PIRE QUE LA GROSSE PELUCHE DE LIAM !
DÉSOLÉ, FIADA...
NOUS NOUS RENDONS SUR L'ÎLE DES SORCIERS ET COMME JE N'Y SUIS PAS ALLÉE DEPUIS DES ANNÉES, JE T'AVAIS UN PEU... OUBLIÉE.
PAS DE SOUCI. ET PIS, J'SUIS BEN, LÀ, TU SAIS. J'AI DES AMIS TOUT PLEIN.
HEIN WAFOU !?
WAFOU !

C'EST UNE TRADITION FAMILIALE D'ESSAYER DE TRUCIDER DES INNOCENTS À COUP DE HACHE OU DE COUTEAU ?
SACHE QUE TON "INNOCENTE" TRIMBALLE PLUS D'ARMES SUR ELLE QUE NOUS CINQ RÉUNIS...
SUIVEZ-MOI DON' !
ELLE ME FILE UN PEU LES CHOCOTTES, QUAND MÊME...
ELLE A TOUJOURS ÉTÉ UN PEU SAUVAGE, POUR ÇA QU'ON LUI A CONFIÉ LA GARDE DE CETTE ZONE. MAIS IL VA PEUT-ÊTRE FALLOIR PENSER À LA RELÈVE...
OH !
C'EST QUOI CE LIEU ?
C'EST LE RELAIS QUI MARQUE LA LIMITE ENTRE NOTRE VALLÉE ET LE TERRITOIRE DES HURLUBERLUS CHEZ QUI ON SE REND.

BENVENUE CHEZ MOUÉ !
OH C'EST JOLI ICI !
V'NEZ DON' VOUS ÉCHAUFFER LES HARPIONS.
C'EST PAS DE REFUS !
KSHHHH !
SHHH !
GRRR
KLAP !
ÇA AURAIT ÉTÉ AVEC PLAISIR, TU PENSES BIEN, MAIS ON N'A PAS LE TEMPS.
UNE CRÉATURE MENACE LE VILLAGE, NOUS DEVONS VOIR LES SORCIERS SANS TRAÎNER.
LIAM, RENTRE VLADIMIR DANS L'ÉTABLE AVEC NOS BOUCS.
HEIN ?!
MAIS POURQUOI !?
PAS DE PLACE POUR EUX DANS LA BARQUE !

PO LA PEINE D'VOUS EXPLIQUER POURQUOI COMMENT QU'ÇA MARCHE.
À TOI DE JOUER, MA FILLE.
MONTRE-NOUS LE CHEMIN.
OOOH !
ON PART SANS TOI, LIAM !
JE REVIENS VITE, MON GROS, PROMIS JURÉ !!
T'INQUIÈTE DON' PAS, MON GARS.
IL VA S'FAIRE DES COPAINS ICI.
WOUUUHOU

JE SUIS UN MONSTRE DE L'AVOIR LAISSÉ AU MILIEU DE CES FOUS...
C'EST LA FLAMME QUI NOUS MONTRE LE CHEMIN, C'EST ÇA ? J'AURAIS AIMÉ SOUFFLER SUR LA LANTERNE, C'ÉTAIT TROP CLASSE !
OUEP, SANS ELLE, PAS MOYEN DE TROUVER LEUR ÎLE DANS CETTE PURÉE DE POIS. MAIS TU TE SERAIS ÉPOUMONÉE POUR RIEN. Y A QU'AVEC JANE QUE ÇA PEUT MARCHER.
BEN... POURQUOI ÇA !?
ELLE NE SAIT PAS !?
BON SANG, ON DIRAIT BIEN QUE NON...
BAH, LAISSONS-LA MARINER ENCORE UN PEU...
MAIS C'EST QUOI TOUS CES MYSTÈRES À LA FIN !
PSHH.. PSS...
HIN HIN HIN...
PEUH, GAMINES !
ELLES ONT PARLÉ DE NOUS, TU CROIS ?
J'EN SAIS RIEN ET ÇA M'ÉNERVE !

HOP !
MAIS IL EST FOU !!

JONATHAN **GARNIER** & AMÉLIE **FLÉCHAIS**

MISÈRE !
MARIA, MA BEAUTÉ !
QUEL DÉLICE DE TE REVOIR !
ERK... IL EST AVEUGLE OU QUOI ?
JANE, ÇA FAIT SI LONGTEMPS !
LA NYMPHE A MUÉ EN UN MAGNIFIQUE PAPILLON DE LUMIÈRE !
JE COMPRENDS POURQUOI MAMIE NE VOULAIT PAS LE REVOIR. C'EST QU'UN VIEUX DRAGUEUR, CE URTY.
IL CRAINT ENCORE PLUS QUE LES AUTRES SORCIERS... JE PENSAIS MÊME PAS QUE C'ÉTAIT POSSIBLE.
AH ! QUELLE DOUCE SAVEUR DE SE RETROUVER EN FAMILLE !
HEIN, MA FILLE !?
RAH ! TOUJOURS AUSSI COLLANT...
URTY, JE TE PRÉSENTE MOLLY, MA NIÈCE.
MOLLY, JE TE PRÉSENTE URTY, MON PÈRE.
MAIS... QUE... HEIN ???
MADAME JANE EST UNE DEMI-SORCIÈRE, C'EST POUR ÇA QU'ELLE A PU DONNER VIE À LA FLAMME... CETTE FEMME EST PARFAITE !

JONATHAN **GARNIER** & AMÉLIE **FLÉCHAIS**

À suivre...

Supertchô! DOSSIER

SEPT 1998, couverture du *Tchô!* n°0

JUIN 1999, couverture du *Tchô!* n°9

FÉVRIER 2003, couverture du *Tchô!* n°54

GRANDIR...
AVEC IMAGINATION !

Des héros populaires, de l'humour, de l'aventure, des thématiques fortes portées par une vraie forme d'irrévérence... Depuis 20 ans, la génération « *Tchô!* » porte en elle des valeurs toujours en mouvement, toujours modernes. Un état d'esprit né en 1998 avec ZEP dont *Titeuf* fut le fer de lance pour faire rire et rêver tant de lecteurs. Le mégazine *Tchô!* s'est arrêté en 2013 sur un au revoir qu'une nouvelle génération d'auteurs est bien décidée à faire oublier.

Le dossier que vous vous apprêtez à lire a pour modeste ambition de revenir sur ces 20 ans d'une aventure créative exceptionnelle. Archives, souvenirs, anecdotes, secrets de création... Pour la première fois, l'histoire de *Tchô!* va vous être racontée par les images et les mots de celles et ceux qui l'ont faite.

Alors, prêts pour un voyage dans le temps ?

TOUT NOUVEAU, TOUT TCHÔ !

ZEP, annonce du **Tchô! n°1**

Nous sommes en août 1998. La France est championne du monde de football. *Titanic* est devenu le plus grand succès de tous les temps au box-office. Bon, *Manau* est aussi disque de diamant avec « *La Tribu de Dana* »... Et la bande dessinée jeunesse, elle, bat de l'aile. Une partie de son public s'est tournée vers le manga, alors en pleine explosion, désertant certains de ses magazines emblématiques.

Prenant le contrepied de cette tendance, *Titeuf* est en revanche en train de devenir un véritable phénomène. Le septième album de ses aventures, « ***Le Miracle de la vie*** », débarque dans toutes les librairies. Un titre prémonitoire s'il en est puisqu'en plus de *Zizie*, la petite sœur de leur héros favori, les lecteurs y découvrent, glissé à l'intérieur de l'album, un autre petit miracle. Le prototype d'un nouveau magazine au nom évocateur, hérité d'une des expressions fétiches du célèbre gamin à la mèche : ***Tchô!***.

LE JOURNAL QUI SE PLIE EN 4 POUR SES LECTEURS

> ***Nous étions très peu au départ et n'avions pas le budget ni la structure d'un « vrai » magazine, il fallait donc trouver une idée pour faire un journal avec peu de moyens. J'avais trouvé un fanzine anglais qui avait le poétique nom de*** *"Shit The Dog"* ***et qui se présentait sous forme d'une très grande feuille pliée en 8. J'ai fait une petite maquette qui ressemblait à une carte routière, pliée en 4. Jean-Claude Camano, mon éditeur, a proposé que l'on ajoute un petit gadget et que le tout soit vendu dans une pochette.***
> ***C'est parti comme ça...***
>
> ZEP

Dès ses débuts, l'autoproclamé *"plus petit journal mégagéant de la planète"* surprend par sa forme puisqu'il s'agit d'une grande feuille imprimée recto verso qui, une fois pliée en quatre, était glissée dans une pochette plastique avec un gadget cadeau. Par ce tout petit format qu'on peut « *mettre dans la poche ou le cartable* », **Jean-Claude Camano** voulait « *retrouver un côté cour d'école.* »

Par son nom, le journal rappelle bien sûr l'univers de *Titeuf*. Mais il ne cède pas pour autant à la tentation commerciale avec une appellation type « *Titeuf Magazine* ».

Textes ROBIN **JOLLY**

les mots de JEAN-CLAUDE CAMANO

Racontez-nous comment le magazine Tchô! est né, comment la décision fût-elle prise et dans quel contexte ?

JCC : D'abord mon premier contact avec le travail de Zep, c'est dans le fanzine « Sauve qui peut » où il a publié les « Souvenirs de Mômes » qui allaient devenir ensuite « Titeuf ».

Tout part ensuite d'une envie partagée avec Zep de créer un magazine. À l'époque, chez Glénat, la BD dominante c'était la BD réaliste / historique. Aller vers de la BD humoristique, c'était partir d'une page blanche. On ne voulait pas faire le journal de Titeuf, mais plutôt rassembler les énergies autour de nous et refléter le monde qui nous entourait...

Tchô! n'existerait pas si Zep n'avait pas donné l'impulsion, ni sans le banco de Jacques Glénat.

À partir de là, je suis parti en quête de ceux qui allaient nous aider à concrétiser le projet. Zep me présente Éric Buche. Puis je découvre quelques strips de Tébo lors d'un concours au festival de Sierre. Arrive ensuite Bertschy. Tehem, je l'avais repéré dans un fanzine réunionnais. Avec cette équipe resserrée, on a rempli le premier numéro. Dès le départ, on est parti sur un mensuel, bien aidé en cela par le succès de « Titeuf »... d'ailleurs le numéro 0 a été offert avec un album de « Titeuf » à l'époque. Ce qui nous a impulsé le succès de Tchô!.

Dès le départ de cette aventure, l'idée de lancer des nouveaux talents était bien inscrite dans la dynamique. C'est un peu plus facile de contacter les gens quand vous avez déjà le magazine avec vous. Mon rôle consistait à trouver et fédérer des artistes, non pas pour faire du Zep mais pour apporter leur sensibilité et créer l'esprit.

La suite, vous la connaissez, non ?

*ZEP, illustration de couverture du **Tchô! n°54***

*TEHEM, "Lovely Planet", **Tchô! n°100***

▶ Mais le journal étonne aussi et surtout par son contenu et son ton. En plus d'une planche inédite du célèbre gamin à la mèche, le sommaire y est constitué de nouvelles signatures de la bande dessinée et les jeunes lecteurs sont invités à y découvrir les aventures des nouveaux héros de la « *bande à Titeuf* ».

Ainsi, ce sont **TEHEM** avec *Malika Secouss*, **TÉBO** avec *Samson & Néon* et **BUCHE** avec *Franky Snow* qui ont l'honneur, entre autres, d'inaugurer ce numéro « zéro ». À l'instar de ***Titeuf***, les histoires qu'ils proposent, très actuelles, mêlant humour et impertinence, font souffler un vent nouveau et libérateur sur le monde sans doute un poil trop sage de la BD Jeunesse. Conséquence, les lecteurs adoptent très vite ces nouveaux personnages, sans parler des autres à venir...

TITEUF ET SA BANDE

> *L'excitation de déplier l'ancien format, de découvrir les dessins partout, les couleurs, les bulles, retrouver ces personnages qu'on aime tant... Je me souviens même que je re-dessinais les héros moi-même !*
>
> **Mathieu, 24 ans, lecteur**

Au fil des mois et des numéros suivants, de nouveaux héros et leurs auteurs viennent rejoindre la bande. *Marie Frisson*, d'Olivier **SUPIOT** et Éric **Baptizat**, apparaît dans le cinquième « numéro hanté ». Le numéro 7, « *Lâchez-moi le slip !* », accueille les pages de *Tony & Alberto* de **DAB'S** et de *Jimmy Brocoli* de **BERTSCHY,** qui raconte ensuite la vie de *Smax* dans le numéro 17, « *spécial fiesta* ». Fraîchement repéré par Zep et Jean-Claude Camano, **BOULET** publie ses premiers strips dans le numéro 10, « *spécial bikers* ». Son *Miya* apparaît quelques mois plus tard, suivi de près par *La Rubrique scientifique*, au sommaire du numéro 15, « *spécial voyage dans le temps* », de *Raghnarok* dans le numéro 23, « *spécial embrasse-moi !* » et des *Space Rangers* (rebaptisés ensuite *Womoks*), dessinés par **RENO,** qui sillonnent l'espace à partir du numéro 29, « *spécial sports extrêmes* ».

BUCHE, illustration extraite du **Tchô! n°100**

Très vite le format évolue également. Dès le numéro 9, la feuille ne se plie plus qu'en 3, le journal devient plus haut afin de gagner en visibilité (et éviter de se faire faucher !) dans les kiosques.

Les gadgets Tchô! : quel succès !

NOB, planche, *Tchô!* n°164

En couverture, la place est donnée à un mini-gag qui explique généralement le fonctionnement du gadget.

Ces pages sont agrémentées de contenu conçu et réalisé par les mêmes auteurs : des strips, jeux, trucs et astuces. Le journal trouve sa formule :

de la BD, des jeux, un cadô – et, surtout, un max de fun !

UNE COLLEC'... EST NÉE !

Parallèlement au magazine, les éditions Glénat décident de lancer « ***Tchô ! la collec'...*** », une nouvelle collection de BD Jeunesse née dans le sillon creusé par ZEP. Tous les publics peuvent y retrouver et découvrir « *des personnages inventifs, amusants, émouvants et attachants, pour le meilleur et pour le rire* ». Le premier volume de ***Malika Secouss*** paraît dès septembre 1998 et ceux de ***Samson & Néon*** et ***Franky Snow*** l'année suivante.

Présent en kiosques et en librairie, *Tchô!* s'inscrit dans la grande tradition de la presse bande dessinée, en remplissant cette fonction de prépublication et de laboratoire d'expérimentation pour de nouvelles séries. Les lecteurs se familiarisent avec leurs nouveaux héros dans le journal avant de découvrir, plus tard, leurs aventures en albums en librairie. Et c'est une vraie communauté de lecteurs qui se crée – tout ça, bien avant *Facebook* !

DES gadgets MÉGA GÉANTS!

Outre son format plié, la première génération de Tchô! a aussi marqué les lecteurs par l'inventivité et la variété des gadgets qu'on y trouvait. Il faut dire que la rédaction mettait autant d'énergie à sélectionner les planches et les dessins d'un numéro qu'à imaginer le gadget qui allait l'accompagner !

Fruit d'une réflexion intense, de l'idée au nom en passant par le gag pour illustrer, ces gadgets parfois inoubliables, souvent débiles, ont vraiment marqué l'esprit des lecteurs et des auteurs (et de leur entourage !), si bien que tout le monde a son préféré. Même si ce sont souvent les trucs gluants...

TÉBO, explic gadget "tchôtatoos" du **Tchô! n°10**

“Une de mes doubles-pages préférées c’était pour “La Rubrique scientifique”. J’avais fait l’histoire de Tchô! à travers les âges, en imaginant le magazine en 1920, 1960, etc. C’était très marrant à faire et le résultat était chouette !”

BOULET

BOULET, illustration "Tchôlogie" du **Tchô! n°100**

LE FORMAT ÉVOLUE, LE TON S'AFFIRME !

Dans les coulisses de la Tchô! team

NOB & J. NEEL, illustration "coulisses de la Tchôteam" du Tch

L'envie était de rassembler une génération d'auteurs, qui posaient un regard humoristique sur la société. Ça c'était la ligne de départ, et puis on est partis dans plein de directions : les super-héros, la SF, l'aventure, les extraterrestres... mais il y avait un truc qui nous rassemblait. En fait, c'était le journal qui nous rassemblait. Qui nous ressemblait.

ZEP

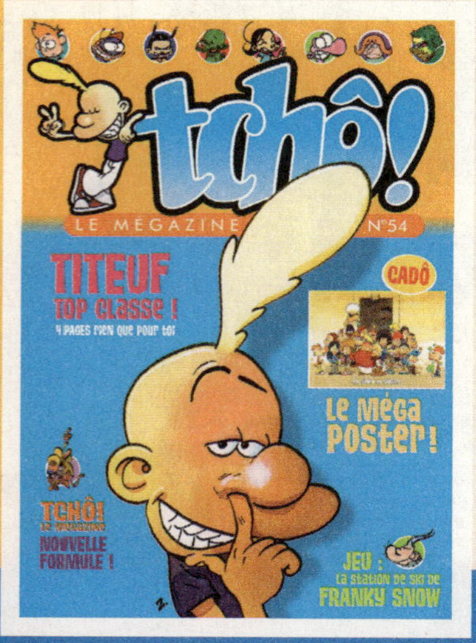

FÉVRIER 2003, couverture du **Tchô! n°54**

Après plusieurs années de bons et loyaux services pour la feuille pliée, **Zep** et **Jean-Claude Camano** décident de faire entrer le journal dans une nouvelle ère en optant pour une formule beaucoup plus adaptée au marché de la presse : « ***Tchô! le plus petit journal mégagéant de la planète*** » devient « ***Tchô! le mégazine*** », un magazine broché d'une soixantaine de pages avec, en lieu et place du gadget, un poster central. Ce revirement vers un grand format plus « pro » et plus « traditionnel » donne davantage de place aux auteurs pour s'exprimer et leur permet d'aller encore plus loin dans la richesse et l'évolution du contenu.

CAPTAIN BICEPS “ORIGINS“

Parmi les nouvelles rubriques qui peuplent le journal, il en est une qui fait sensation auprès des lecteurs : les aventures de Captain Biceps ! Né de l'imagination de Zep et de la frustration d'un Tebo lassé de voir que personne ne prend au sérieux les comics américains, le plus balèze des super-héros prend du service dès le sommaire du numéro 54. Chaque mois, notre héros combat dans un gag en une planche un super-vilain aussi coriace que loufoque, avec un mini-strip racontant ses origines.

TÉBO, “Captain Biceps”, **Tchô! n°100**

La formule est si efficace que cette rubrique qui, d'après les dires de Tebo, « ne devait durer que 3 mois », devient l'une des plus populaires du mag', la rédaction recevant notamment un grand nombre de dessins de lecteurs. Les aventures de Captain Biceps sont publiées en album dès l'année suivante. Aujourd'hui, elle fait partie des séries les plus populaires de « Tchô! la collec'... » !

DAB'S, illustration édito, **Tchô! n°67**

BOULET, “le Miya”, **Tchô! n°67**

> ***Le passage au grand format a été une vraie bouffée d'air frais, qui a permis de créer plein de nouvelles rubriques, d'amener de nouveaux auteurs, mais aussi de changer petit à petit la narration même des séries, en passant de gags à de courts chapitres, voire des histoires à suivre.***

NOB [rédacteur en chef des ***Tchô!*** 45 à 111]

De jeunes auteurs se joignent à la bande et la font évoluer vers quelque chose d'encore plus contemporain. L'esprit essentiellement comique des débuts est vite rejoint par la sensibilité pop de **Julien NEEL** avec ***Lou!***, l'humour absurde de **Lisa MANDEL** avec ***Nini Patalo***, la tendresse de **NOB** avec ***Mamette*** ou l'univers manga/foutraque de **BILL & GOBI** et les ***Zblucops***. Ce sont de nouveaux univers qui se déploient, à la fois surprenants et actuels, et auxquels les lecteurs n'ont aucune peine à s'identifier.

L'ESPRIT TCHÔ!, KÉSACO ?

> ***On essayait de représenter les enfants tels qu'ils étaient, sans tabous. On pouvait aborder tous les sujets, à condition de le faire avec la même naïveté que le ferait un gamin.***

BOULET [rédacteur en chef des ***Tchô!*** 36 à 44]

Avec cette évolution et ces nouvelles contributions, ***Tchô!*** devient peu à peu l'emblème d'une nouvelle BD Jeunesse, celle qui parle aux enfants du « vrai monde. »

Car l'une des forces du journal réside dans sa capacité à prendre au sérieux son jeune lectorat en abordant tous les sujets. Cette impertinence, les auteurs la cultivent, en font leur étendard. Comme Zep le résume, ils font tout simplement « ***le journal qu'ils auraient voulu avoir, enfant.*** »

Bien entendu, le fait de s'adresser à un public jeune impose de se fixer des limites : ne pas être blessant, rire du monde mais ne jamais se moquer des autres, et parfois surveiller son langage ! De fait, le rédac' chef **Nob** se rappelle avoir beaucoup sermonné les auteurs abusant de gros mots

*ZEP, illustration de couverture du **Tchô!** n°12*

> ***La communauté d'esprit, c'était de regarder le monde dans les yeux. Ne pas traiter les enfants comme de faux adultes.***
>
> JEAN-CLAUDE CAMANO

sous prétexte qu'on était dans le journal de **Titeuf** : « *Quand Zep utilise des gros mots, ce n'est jamais n'importe comment et ce n'est jamais gratuit, d'autant plus qu'il utilise beaucoup d'expressions inventées.* »

Pas de tabou, une forme d'irrévérence, une fraîcheur, un humour imparable… Peut-on dès lors parler d'un « **esprit Tchô!** » ? Pas pour Nob qui estime que « *c'est quelque chose qui se ressent plus qu'il ne s'explique* ». Toujours est-il qu'à l'image de *Titeuf* et de ses mythiques expressions, ***Tchô!*** a su créer un véritable langage dans lequel se reconnaissent les jeunes lecteurs et dont s'est emparée toute une nouvelle génération d'auteurs.

© illustration de DAB'S pour NOB à l'occasion de la fête du **Tchô! n°100**

ZEP, illustration de couverture du ***Tchô! n°18***

*L'impertinence de **Tchô!**, c'était aussi l'opportunité qu'avait donnée Jean-Claude Camano à plein de jeunes auteurs(trices) aux idées différentes et originales de s'exprimer librement dans un nouveau format. À une époque où la presse jeunesse était assez conservatrice, c'était plutôt rafraîchissant.*

RENO

TEHEM, "Réponse à tout", *Tchô!* n°50

Tchô! fête son 100e numéro !

NOB, planche, **Tchô!** n°1

LA BANDE À TCHÔ! SUR LES SALONS : UN FESTIVAL !

Forts du succès de leur magazine à la collec'... éponyme et fidèles à l'esprit de camaraderie qui les caractérise, les auteurs ***Tchô!*** venaient régulièrement « en bande » sur les salons et festivals BD. ***Tchô!*** étant une rédaction essentiellement virtuelle et à distance, ces événements leur donnaient l'occasion, travaillant pour la plupart aux quatre coins de la France et de l'Europe, de se retrouver physiquement pour passer de bons moments ensemble.

Et le moins que l'on puisse dire, c'est qu'une telle bande de joyeux lurons ne passait pas inaperçue ! Outre des répartitions animées dans le partage des chambres et de mémorables séances de dédicaces grou-

ZEP, planche "la mégateuf du numéro 100", **Tchô!** n°100

> *La bande à Tchô ! sur les salons ?*
> *C'est le magazine, mais en live !*

JUDICAËLLE [rédactrice en chef des ***Tchô!*** 145 à 164]

2008, TÉBO, affiche du 13e festival BD de Mandelieu-la-Napoule

pées, certaines fiestas ont donné naissance à des anecdotes plus ou moins glorieuses… **Zep** nous raconte celle du festival de Mandelieu, pour lequel **Tébo** avait fait l'affiche et organisé une grande soirée déguisée sur le thème des super-héros : « *J'étais en **Captain Biceps**. Dans la nuit, on a fait un combat **Biceps VS Superman** (c'était **Boulet**) et ça s'est terminé en pyramide de super-héros. J'étais tout en dessous et j'ai entendu « crac ». Le lendemain, je suis allé à l'hosto : côte cassée. Le médecin m'a demandé comment je m'étais fait ça. J'ai dû dire que je m'étais battu contre Superman…* »

Nob, lui, se souvient ému de la fête du **numéro 100**, où tous les auteurs lui avaient fait des dessins qu'il garde aujourd'hui encore précieusement…

*illustrations de SUPIOT, BUCHE & BOULET pour NOB à l'occasion de la fête du **Tchô! n°100***

QUAND TCHÔ! S'EXPOSE

Strip de MIX & REMIX, *Tchô! n°50*

Tchô! en festival, ce ne sont pas que les fêtes ! En de multiples occasions, le travail du journal a eu la chance d'être mis en avant à travers de très belles expositions. Parmi les plus mémorables, on peut citer l'expo Tchô! du Festival International de la bande dessinée d'Angoulême en 2004 (année du sacre de Zep au titre de Grand Prix), celle de Nîmes en 2007 pour célébrer le numéro 100 (avec présentation de couvertures inédites) ou, plus récemment, l'exposition itinérante dans toute la ville de Marseille en 2013.

BUCHE, illustration extraite du *Tchô! n°164*

CAPTER SON ÉPOQUE...

> ***Quand je pense à Tchô!, je pense à un collectif, une bande, chacun respectant les idées de l'autre. C'est cette richesse, cette tolérance, que je retiens.***
>
> AUDE PICAULT

Vers la fin des années 2000, le mégazine a prouvé l'efficacité de sa formule. Certaines de ses séries, comme ***Lou!*** ou ***Captain Biceps***, sont en train de devenir de nouveaux phénomènes d'édition.

Dans ce sillon creusé par leurs aînés, ce sont encore davantage de nouvelles séries qui sont développées. Des univers toujours plus connectés à leur époque et issus de l'imagination de jeunes auteurs fraîchement repérés ou de talents venus d'autres horizons. **YOMGUI**, par exemple, admet être arrivé dans l'aventure par une « *porte dérobée* » comme il le dit lui-même : sa première série ***Raph' & Potétoz*** était prépubliée dans **Okapi** avant d'intégrer « ***Tchô! la collec'...*** » en 2007.

De même, en 2008, le duo **STAN & VINCE**, plutôt issu du milieu de la BD adulte, s'associe à **ZEP** et signe les chroniques temporelles des ***Chronokids***, qui revisite avec humour quelques grandes périodes de l'histoire. La série remporte le fauve Jeunesse au festival international de la bande dessinée d'Angoulême en 2011.

Par ailleurs, de plus en plus d'autrices viennent élargir le spectre créatif d'une équipe sans doute un peu trop masculine. **Aude PICAULT** y développe de 2008 à 2010 une mini-série, ***Les Mélomaniaks***, basée sur son expérience de fanfare.

© Autoportraits de STAN & VINCE

BUCHE, illustrations extraites du **Tchô! n°100**

La Tchô! team

Sur la même période, **Mathilde DOMECQ** lance ***Basile & Melba***, dont trois tomes paraissent aux éditions Glénat. **Flora GRIMALDI** arrive un peu plus tard et raconte à partir de 2010, en compagnie de **BANNISTER**, les aventures du duo le plus tendre de l'âge des cavernes : ***Tib & Tatoum***.

> ***On était vraiment super heureux. Du temps où on achetait Tchô! en version pliée, on n'aurait jamais espéré être dedans un jour.***
>
> FLORA GRIMALDI

Puis, en août 2012, c'est au tour de ***Bichon*** d'entrer dans les pages de ***Tchô!***. Créé par **David GILSON**, ce garçon attachant, rêveur, « *pas comme les autres* », vient transmettre un message de tolérance sur l'acceptation de la différence. Une démarche dans laquelle on retrouve une fois de plus les valeurs actives qui font la force du mag' depuis ses débuts, peut-être d'une manière encore plus contemporaine.

> ***Tchô! et Glénat n'ont absolument pas été durs à convaincre ! [...] Il ne s'agissait pas pour eux de remplir un quota quelconque ou de faire une bande dessinée à propagande gay, mais de raconter une histoire sous un angle un peu inédit et de voir comment la sensibilité particulière de cet enfant va évoluer, s'exprimer et être perçue par son entourage.***
>
> DAVID GILSON

BUCHE, illustration extraite du **Tchô! n°164**

SUPIOT
LE RÊVEUR
SIGNE PARTICULIER : A un monstre au plafond...

ZEP
LA STAR !
SIGNE PARTICULIER : C'est le chef... alors, son Tchô!, il l'a gratuit !

RENO
LE TOUJOURS EN RETARD
SIGNE PARTICULIER : En avance sur son temps, en retard sur ses délais...

LES TYPES D'AUTEURS

TÉBO
LE RÂLEUR
SIGNE PARTICULIER : Est copain avec Biceps...

BOULET
LE GEEK
SIGNE PARTICULIER : Aurait voulu être un troll...

Durant toute son histoire, Tchô! a accueilli dans ses pages un grand nombre d'auteurs de talent mais aux profils variés. C'est cette diversité de caractères, aussi singuliers que marqués, qui a permis entre autres à ce grand élan de créativité de s'exprimer.

Chacun avait ses grandes qualités, mais aussi ses petits défauts ! Et comme on est un petit peu taquin, on est allé demander aux uns et aux autres ce qu'ils pensaient de leurs homologues.

Réponse avec ces quelques profils "types" d'auteurs.

BUCHE
LE GENTIL
SIGNE PARTICULIER : Hésite à adopter la coiffure de Franky Snow !

NOB
LE 1ER DE LA CLASSE
SIGNE PARTICULIER : Toujours au top !

BUCHE, strip extrait du *Tchô!* n°100

TCHÔ! TIRE SA RÉVÉRENCE

C'est bien connu,
les plus belles histoires ont une fin.

Et celle de « ***Tchô! Le mégazine*** » est malheureusement survenue en 2013, avec un numéro 164 collector et sobrement intitulé « ***le dernier*** ». Zep y signa sans doute sa plus belle couverture, reprenant sur une large illustration tous les personnages de la bande à ***Tchô!***

En poster central, un très beau montage figurant le logo ***Tchô!*** et l'ensemble des couvertures du magazine venait remémorer aux lecteurs le récit d'une aventure créative de plus de 15 ans, et qui fut probablement l'une des plus stimulantes de la presse jeunesse.

*Mégaposter, **Tchô! n°164***

créatchô!

Quand un lecteur de Tchô! devient auteur de BD : Tchô! vous présente SESS !

ZEP, couverture du Tchô! n°164

LES BOUCLAGES DE TCHÔ !

Réaliser un magazine mensuel implique de s'imposer une rigueur et un rythme de travail soutenus. Il s'agit de respecter des plannings, rendre des dessins et planches en un temps record, concevoir et organiser la maquette, envoyer le tout en fabrication… Et les auteurs se remémorent des moments difficiles, surtout en périodes de bouclage. Il faut aussi se souvenir que, les premières années, internet était quasi inexistant !

Pour NOB, cela s'apparentait à la série *"24H Chrono, avec le coursier qui attendait à la porte d'entrée pendant [qu'il] gravai[t] le CD avec le journal"* ; TEBO se souvient *"certaines nuits blanches pour rendre [son] colis le samedi matin"* ; BUCHE, vivant en Suisse, *"sprintai[t] à la poste française pour envoyer [son] CD par colissimo"* ; tandis que RENO reconnaît avoir *"bien dû faire perdre des cheveux et quelques années d'espérance de vie"* aux différents rédacteurs en chef. ZEP, fidèle à sa légende, *"rendait toujours à l'heure… même en avance"*.

Une forme d'urgence qui traduisait finalement assez bien l'effervescence créative qui animait le journal.

BUCHE, "les bouclages de Tchô!", **Tchô! n°164**

> *Au début, c'était très artisanal. On était quatre ou cinq à bosser sur les numéros. Nous n'avions ni internet, ni logiciel de mise en page. On s'appelait : "t'aurais une idée pour un strip de 3 cm sur 20 ?" Quand on se voyait, on dessinait ensemble, mais c'était assez rare. Au départ, il y avait **Buche** et moi, qui habitions Genève, **Tehem** qui vivait sur l'île de la Réunion et **Tébo** qui était à Caen. C'était assez sport ! On appelait des copains pour faire une illustration ici ou là, **Valott**, **Mix & Remix**, **Buchet**, **Tirabosco**, **Larcenet**… ou pour écrire des mini-textes. On amenait des idées de rubriques. Tout devait être miniature, évidemment ! Quand on est passés au format magazine, c'est devenu plus pro. C'était **Nob**, le pauvre, qui devait encadrer tout le monde !*

ZEP

© illustration de NOB

VIS MA VIE DE RÉDAC' CHEF !

S'il est un poste clé au sein d'un journal, c'est bien celui de rédacteur en chef. Véritable chef d'orchestre chargé d'animer la rédaction, de rassembler les contributions et de veiller au respect de la ligne éditoriale, celui de Tchô! avait également pour mission particulière de canaliser l'énergie créative d'une bande d'auteurs survoltés ! Oreille attentive ou dictateur éclairé, chacun a marqué l'évolution du journal par son style et ses idées. Tous gardent un souvenir ému de l'expérience...

ZEP, rédacteur en chef des numéros 0 à 28 :
« Quand j'étais rédac' chef, ça allait bien. On était une toute petite équipe. Ceux de la dernière période ont dû souffrir beaucoup plus, hé hé hé... »

TÉBO, rédacteur en chef invité des numéros 29 à 35 :
« Il faudra me payer cher pour le refaire ! »

BOULET, rédacteur en chef invité des numéros 36 à 44 :
« Il y avait le passage "discussions sur le contenu" durant lequel on était assez pros, et vers la fin, Jean-Claude soupirait et sortait le carton des futurs gadgets, épuisé à l'avance parce qu'il savait que ça allait être le délire. Et deux minutes après il y avait des mains gluantes et des mini-frisbees qui volaient dans la rédac'. »

NOB, rédacteur en chef des numéros 45 à 111 : « Je ne me sentais pas chef, mais comme un passeur. Ou un chef d'orchestre. J'étais plutôt à l'écoute. Et toujours gentil (ce qui est dans mon caractère). Ce qui faisait dire à Lisa Mandel que j'étais redoutable car au final on n'osait rien me refuser. »

ARTIZARNAL, rédacteur en chef des numéros 112 à 141 : « Je crois que ce que j'aimais le plus, c'était de confier des rubriques à des auteurs parfois méconnus. »

JUDICAËLLE, rédactrice en chef des numéros 142 à 164 :
« Nous n'avons jamais rendu un numéro en retard ! »

NOB, planche, *Tchô!* n°164

ET LE FUTUR DANS TOUT ÇA

> *Incarner la nouvelle génération de la bande à Tchô! est un vrai challenge, mais c'est super motivant !*
>
> CLÉMENCE PERRAULT

Alors, fini, l'esprit ***Tchô!*** ? Eh bien, pas tout à fait ! Car si le magazine fut, il faut bien l'admettre, l'une des victimes collatérales d'une crise de la presse généralisée, les collections développées au sein des éditions Glénat ont, elles, conservé leur dynamique. Outre la poursuite évidente des séries phares de son catalogue (au premier rang desquelles *Titeuf* ou *Lou!*), elles ont su persévérer dans cette recherche permanente de nouveaux talents et d'univers inédits.

Ainsi, si la sensibilité et le trait minimaliste d'**Ismaël MEZIANE**, qui ne sont pas sans rappeler un certain **Julien NEEL**, nous ont permis de découvrir dès 2014 l'univers tendre et sociétal de *Nas*, ***poids plume*** (prix des écoles au festival international d'Angoulême 2015), la scénariste **Flora GRIMALDI** a mis à l'honneur le talent de jeunes dessinatrices internationales telles que la russe **Anna CATTISH** (*Big Bang Cats*, 3 tomes parus) ou l'allemande **Maike PLENZKE** (*Bran* et ses suites, *Macha* et *Sarah*), tandis que **DAV** et **Clémence PERRAULT** racontent les coulisses impitoyablement hilarantes de l'univers du *fast-food* dans *Frites coca*, issu du blog du même nom et publié en 2017.

Lancée en 2017, *Bergères guerrières*, par **Jonathan GARNIER** et **Amélie FLÉCHAIS**, est une merveilleuse aventure inspirée des contes et légendes celtiques, entre ***Dragons*** et ***Rebelle***.

Enfin, *Irena*, l'histoire de la résistante polonaise *Irena Sendlerowa* qui sauva des milliers d'enfants juifs du ghetto de Varsovie, est un merveilleux témoignage sur le courage, la mémoire et la transmission. Un autre exemple que les valeurs véhiculées par ***Tchô!*** sont capables de se réinventer pour aborder tous les sujets, et même les plus difficiles.

ON REMET ÇA ?

Cet esprit d'évolution, de mutation constante, est inscrit dans l'ADN de **Tchô!**. Aujourd'hui, c'est toute une nouvelle génération qui a grandi et qui s'est épanouie en tant qu'artistes avec cette idée de la Bande Dessinée Jeunesse. Et même s'ils n'ont pas eu la chance de faire leurs armes dans le même magazine, ils ont à cœur de faire perdurer ces valeurs, à travers la collection éponyme et les pages de ce ***Supertchô!*** qui célèbre les 20 ans d'une histoire qui n'est pas prête de s'arrêter.

Pour conclure, laissons la parole à **Nicolas Forsans**, rédacteur en chef de ce numéro et nouveau directeur de la collection **Tchô!** : « *Au moment où le magazine s'est arrêté, l'éditeur historique de la collection,* ***Jean-Claude Camano*** *souhaitait donner une nouvelle impulsion, la nouvelle génération d'auteurs qui avait été lancée à cette époque était plus réceptive pour proposer des projets portés par des thématiques de genre avec des histoires à suivre. C'était l'occasion de sortir du format album habituel, avec plus de pages et un petit format, incarné par* ***Paola Crusoé***, ***Agito Cosmos*** *ou* ***Les Chevaliers de la chouette***. *La greffe n'a pas pris malgré de très belles séries. L'humour est moins présent ces dernières années, mais rien ne dit qu'on n'y reviendra pas, c'est une histoire de cycle.* ***Tchô!*** *est une collection dont le dynamisme est basé sur le renouvellement et la transmission, en accueillant de nouvelles générations d'artistes. C'est même un critère déterminant pour intégrer ou pas un projet dans la bande. Ce* ***Supertcho!*** *n'aurait pas été possible sans l'implication de* ***Julien Neel*** *pour renouer avec la presse.* »

Ce témoignage nous laisse espérer que l'esprit **Tchô!** est loin de s'éteindre, qu'il est même plus vivant que jamais, et que vous, auteurs comme lecteurs, saurez le faire perdurer : pourquoi pas, en créant une nouvelle « bande à Tchô! » ?

À vous de jouer !

NOB, planche, **Tchô! n°164**

14
LIZUMI
23
BIG MONKI
ATTAQUE = FEU
UE = RAGE
BAM ! GAGNÉ !
OH, NON ! C'EST PAS JUSTE !
HÉ HÉ !
EN PLUS CETTE CARTE, C'EST N'IMPORTE QUOI, SI LIZUMI C'EST UN 23, MON PAPA C'EST UN 50 !
PFF, TON PÈRE A JUSTE DÉTRUIT UN TOUT PETIT QUARTIER DE TOKYO !
RÉPÈTE UN PEU !
TON PÈRE, C'EST...
LA RÉCRÉ EST TERMINÉE.
CET APRÈS-MIDI, C'EST TRAVAUX PRATIQUES.
METTEZ VOS MASQUES, ET HOP! DANS LE PORTAIL !

MARC **LATASTE** & ALLAN **BARTE**

À suivre...

OKLAHOMA, BLACKTOWN, 1872...
BANG
BANG
ZZZZZZ
KNUTZZZ

C'EST BIZARRE... J'AI SENTI COMME UN TRUC ME FRÔLER LA TÊTE...
ÇA DOIT ÊTRE LE SOUFFLE DE L'AVENTURE !
WOÂ ! TOUT LE MONDE DORT ICI...
TU ES SÛR QU'ON EST À BONNE DESTINATION ? ÇA RESSEMBLE PAS BEAUCOUP À LA COUR DE LA PRINCESSE SISSI...
BÂH...
Z
...ÇA DOIT ÊTRE LA BANLIEUE DU PALAIS ! ON VA SE RENSEIGNER DANS CETTE AUBERGE !
PARDON MONSIEUR... ON CHERCHE LE CHÂTEAU DE LA PRINCESSE SISSI.
?
Grrmbl...
PTOU
FLUNGTCH
ON N'EST PAS DU TOUT AU BON ENDROIT !! TU AS TAPÉ N'IMPORTE QUOI !!
PAS DU TOUT ! LA DATE EST BONNE !...
ET J'AI ÉCRIT "BLACK FOREST, OKLAHOMA" !...
C'ÉTAIT "FORÊT NOIRE", EN BAVIÈRE, DÉBILE !
POUR UNE FOIS QUE JE PARLE ANGLAIS...
ET PUIS C'EST TOUJOURS TOI QUI DÉCIDE D'OÙ ON VA !...
2
STAN, VINCE & ZEP

LÀ, ON EST EN PLEIN WESTERN! C'EST PLUS CLASSE!
TU PARLES...
JE VAIS ENFIN VIVRE MON RÊVE: DEVENIR LE ROI DU COLT!
TOI?
GUNS
TU VISES COMME UNE PATATE! MÊME AUX FLÉCHETTES, TU AS RÉUSSI À TE BLESSER LE PIED!
C'EST PARCE QU'ON NE M'A PAS DONNÉ MA CHANCE!
DONNE-MOI CE TÉLÉPHONE, ON RENTRE TOUT DE SUITE!
LÂCHE CE PISTOLET! LE VENDEUR ARRIVE!
ET ALORS? JE SUIS UN CLIENT.
TU ES UN ENFANT!
EN AMÉRIQUE, TOUT LE MONDE A DROIT À UN COLT!
PIUW PIUUW!
PUIS-JE VOUS AIDER, MONSIEUR?
AH! TU VOIS?
J'L'AIME BIEN, CELUI-LÀ!
EXCELLENT CHOIX: COLT PEACEMAKER, 6 COUPS, PRÉCISION REDOUTABLE: ON ATTEINT LA CIBLE À 100 PAS, C'EST UN TOUT NOUVEAU MODÈLE!
JE LE PRENDS! VOUS AVEZ DES CEINTURES À CARTOUCHES?
DEMANDE PLUTÔT S'ILS ONT DES FLÉCHETTES!!!
TU ES FOU?! ET COMMENT TU VAS PAYER?
C'EST LÀ L'IDÉE DE GÉNIE!
DÈS QUE J'AI BOUCLÉ LA CEINTURE, TU
TAPES LE CODE ET ON RENTRE CHEZ NOUS!!
TON IDÉE DE GÉNIE, C'EST DE VOLER CETTE ARME?
Chhht...
VOICI QUELQUES MODÈLES!!!
ENLÈVE ÇA ET ON S'EN VA!!
HORS DE QUESTION!
CELLE-CI VOUS VA À MERVEILLE!
ATTENDS ENCORE UN PEU... QU'IL MÉMORISE MON VISAGE...
QUOI?!!
3

STAN, VINCE & ZEP

L'esprit Tchô! c'est quoi?

- L'esprit Tchô! pour moi, c'est faire de la BD pour les vrais enfants, ceux qui disent des gros mots et dégueulassent leurs vêtements -

Dav'

RAPHAËL DROMMELSCHLAGER & GREGORY SAINT-FELIX

VOUS OSEZ BARRER LA ROUTE DE BARTHÉLÉMY BONE'S, BANDE DE LAQUAIS PUANTS ?!
VOUS ÊTES VERNIS, JE SUIS PRESSÉ ! SINON, JE VOUS AURAIS RENTRÉ MES BOTTES DANS LES NARINES !
J'AI SOUVENT PENSÉ QUE TU ÉTAIS TROP SANGUIN, BONE'S, UN RIEN T'AGACE !
BOM
ENGOZA, TOUS LES BARILS DE POUDRE VONT ÉCLATER UN À UN ! C'EST PAS LE MOMENT DE RESTER PRENDRE LE THÉ !
MAIS TU VAS OÙ ?! LA CHALOUPE EST EXACTEMENT DE L'AUTRE CÔTÉ DU PONT !
BONE'S, TA BÊTISE ME CONSTERNE !
NOUS SOMMES PRISONNIERS SUR CE GALLION ESPAGNOL QUI FAISAIT ROUTE POUR TERRAGONE AVANT QUE LES FRANÇAIS NE L'ATTAQUENT !
POUR RAPPORTER AU ROI CE COFFRE REMPLI DE JOYAUX ET DE PIERRES PRÉCIEUSES !
DÉPÊCHE-TOI, ERNESTO ! PRENDS LE COFFRE, ON FILE !

RAPHAËL DROMMELSCHLAGER & GREGORY SAINT-FELIX

COMMENT OSEZ-VOUS FUIR LA FLOTTE DU ROI, MISÉRABLES ?! MESSIEURS, À MON COMMANDEMENT...
BOUM !
AAHHHH, EMBROCHER DU SOLDAT FAIT TOUJOURS PLAISIR !
AAAA
VITE ! VITE !!
MA JAMBE...
BAOUM !
À NOUS LE TRÉSOR DES ESPAGNOLS ! MÊME LA FLOTTE FRANÇAISE NE L'A PAS EU !!
TCHLANK !
!!

L'île aux Diables

RAPHAËL **DROMMELSCHLAGER** & GREGORY **SAINT-FELIX**

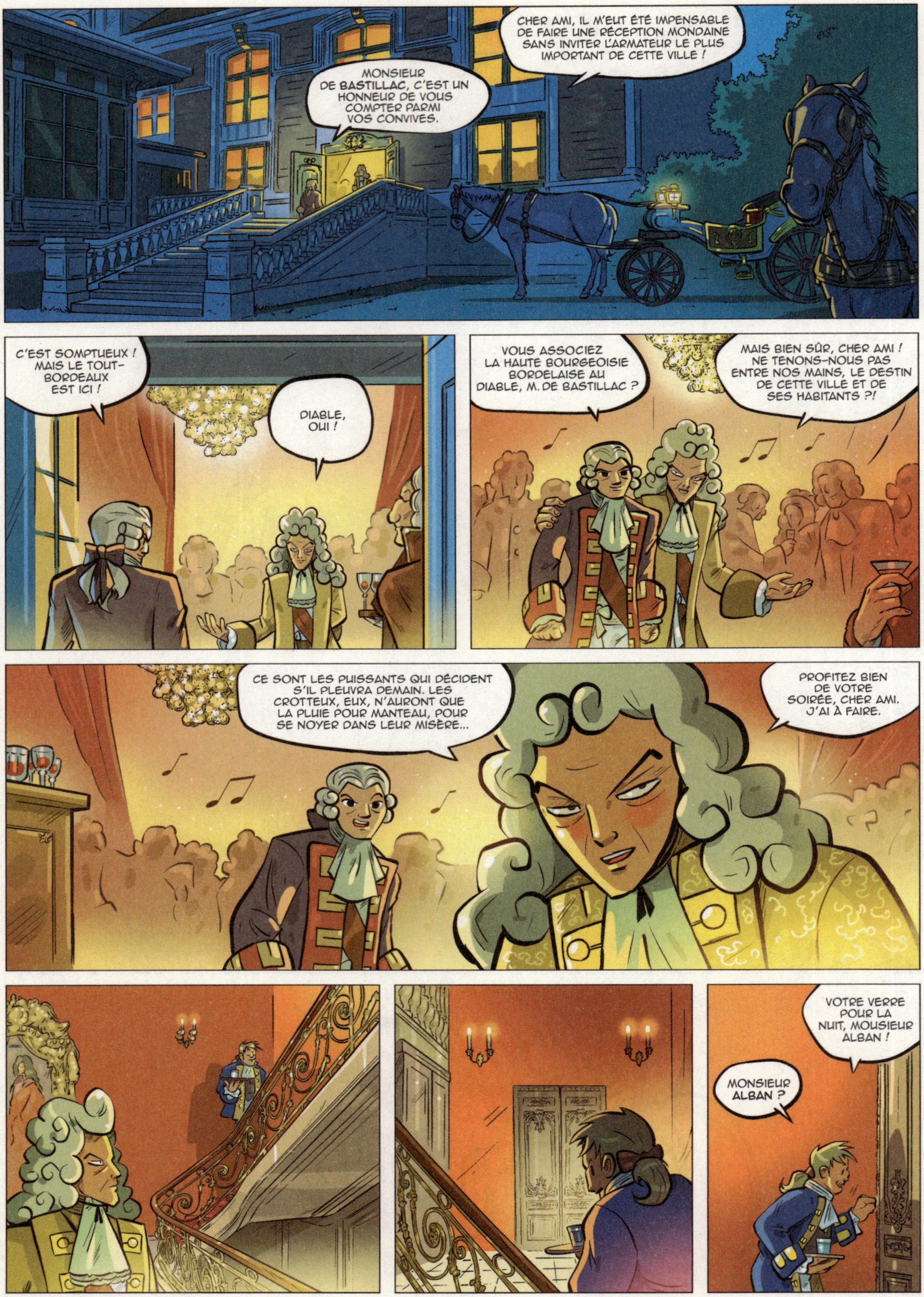
MONSIEUR DE BASTILLAC, C'EST UN HONNEUR DE VOUS COMPTER PARMI VOS CONVIVES.
CHER AMI, IL M'EUT ÉTÉ IMPENSABLE DE FAIRE UNE RÉCEPTION MONDAINE SANS INVITER L'ARMATEUR LE PLUS IMPORTANT DE CETTE VILLE !
C'EST SOMPTUEUX ! MAIS LE TOUT-BORDEAUX EST ICI !
DIABLE, OUI !
VOUS ASSOCIEZ LA HAUTE BOURGEOISIE BORDELAISE AU DIABLE, M. DE BASTILLAC ?
MAIS BIEN SÛR, CHER AMI ! NE TENONS-NOUS PAS ENTRE NOS MAINS, LE DESTIN DE CETTE VILLE ET DE SES HABITANTS ?!
CE SONT LES PUISSANTS QUI DÉCIDENT S'IL PLEUVRA DEMAIN. LES CROTTEUX, EUX, N'AURONT QUE LA PLUIE POUR MANTEAU, POUR SE NOYER DANS LEUR MISÈRE...
PROFITEZ BIEN DE VOTRE SOIRÉE, CHER AMI. J'AI À FAIRE.
VOTRE VERRE POUR LA NUIT, MOUSIEUR ALBAN !
MONSIEUR ALBAN ?

EDGAR, J'EN PEUX PLUS DE VIVRE RECLUS DANS CETTE MAISON !
J'AI BESOIN D'AVENTURE, D'HORIZON !
AAAH, L'APPEL DE LA MER ! JE CONNAIS...
TU AS DÉJÀ NAVIGUÉ ?!
MA FOI, OUI ! AVANT D'ÊTRE ENGAGÉ ICI.
J'AI BOURLINGUÉ PENDANT 20 ANS SUR LES OCÉANS.
J'AI COTOYÉ DES PIRATES QUI NE PARLENT QU'EN JURONS ET TUENT COMME ON SE MOUCHE ! CES PIRATES QUI ONT DANS LE SANG, LA MORT, LE MER ET LE GOÛT DES TRÉSORS !
CES MARINS LIBRES, FASCINÉS PAR L'OR DES CARAÏBES ET QUI ONT UN CODE DE L'HONNEUR AU-DESSUS DES MOTS !
J'AI VU DES ÎLES TROPICALES PARADISIAQUES, LÀ OÙ LA MER SE TERMINE, OÙ ELLE FINIT EN CHUTES GIGANTESQUES DANS LE VIDE, LÀ OÙ S'ARRÊTE LE MONDE DES HOMMES ! LÀ OÙ COMMENCE LE MONDE DES BRAVES !
CE VENT QUI SOUFFLE, QUI VOUS RAFRAÎCHIT LE VISAGE ET VOUS CARESSE LES CHEVEUX...
C'EST LE VENT DE L'AVENTURE !!
CE VENT SOUFFLE DANS MA TÊTE, EDGAR ! JE LE SENS !
MONSIEUR ALBAN, VOTRE PLACE EST ICI, VOYONS !
ET VOUS FEREZ QUOI, APRÈS ? VOUS IREZ FRÉQUENTER LES MARINS DE LA TAVERNE DE LA LAMPE PEUT-ÊTRE ?!... HA HA HA !!...

LES INVITÉS DE MON PÈRE SONT TOUJOURS AUSSI IMBUS D'EUX-MÊMES.
C'EST TERMINÉ, MONSIEUR DE BASTILLAC !
?
ET TOUT CECI EST VOTRE FAUTE !
TROP OCCUPÉ À MENER VOS AFFAIRES CRAPULEUSES, VOUS AVEZ LAISSÉ VOTRE ÉPOUSE À SA LENTE MALADIE DANS UNE INDIFFÉRENCE RÉPUGNANTE.
JE NE SUIS PAS QUE SON DOCTEUR, JE SUIS AUSSI SON CONFIDENT.
JE SAIS TOUT, BASTILLAC !
DANS SES MOMENTS DE DÉSESPOIR, VOTRE FEMME M'A TOUT RACONTÉ. CE MARIN QU'ELLE A CONNU IL Y A UNE DOUZAINE D'ANNÉES, SON SEUL AMOUR... CETTE CHEVALIÈRE AUTOUR DE SON COU, C'EST LUI QUI LUI A OFFERTE.
ET PUIS, IL Y A EU VOTRE MARIAGE DE CONVENANCE.
ALBAN N'EST PAS VOTRE FILS ! MAIS JE NE VOUS APPRENDS RIEN, BIEN SÛR.
HA HA HA ! MON PAUVRE PIFFETEAU ! VOUS PENSEZ ME FAIRE TREMBLER AVEC VOS MENACES ?! MAIS VOUS N'AVEZ PAS LA CARRURE DE JOUER DANS LA COUR DES GRANDS ! VOUS N'ÊTES QU'UN INSECTE !
JE VOUS LAISSE LE CHOIX. SOIT VOUS ME LAISSEZ ACHETER VOTRE SILENCE...
S... SOIT... ?
SOIT VOUS MOURREZ, BIEN SUR.

MA FEMME EST MORTE, PIFFETEAU ! ET TOUS CEUX QUI OSERONT CONTESTER MES DÉCISIONS CONNAÎTRONT LE MÊME SORT !! EST-CE CLAIR ?
MAMAN !... MO... MORTE ?!!
NOUS ALLONS TOUS DEUX REDESCENDRE DOCILEMENT POUR REJOINDRE NOS INVITÉS. JE VOUS REMETTRAI UNE ENVELOPPE AVANT VOTRE DÉPART POUR VOUS AIDER À OUBLIER TOUTE CETTE DISCUSSION.
TCHAK !

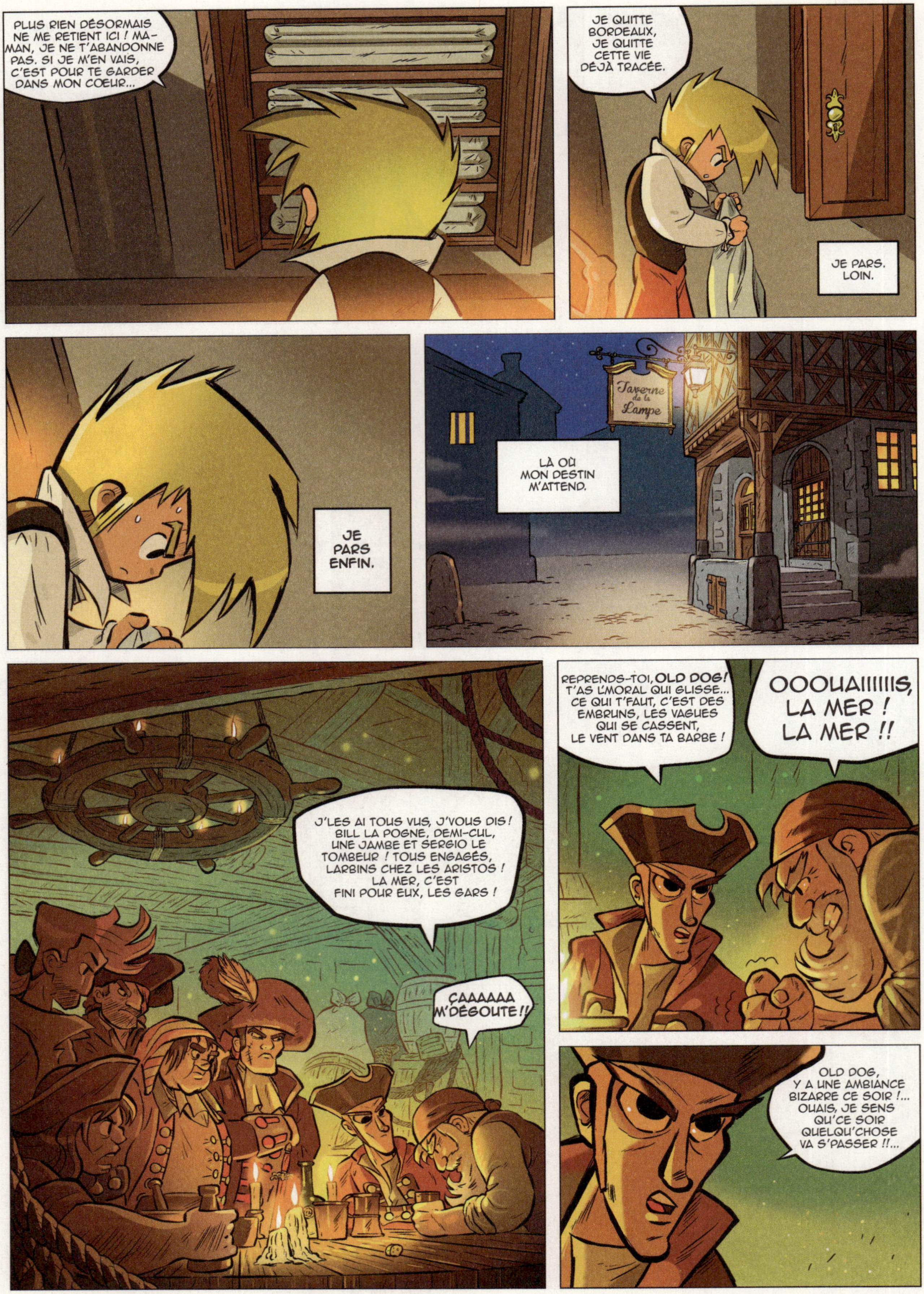
PLUS RIEN DÉSORMAIS NE ME RETIENT ICI ! MAMAN, JE NE T'ABANDONNE PAS. SI JE M'EN VAIS, C'EST POUR TE GARDER DANS MON COEUR...
JE QUITTE BORDEAUX, JE QUITTE CETTE VIE DÉJÀ TRACÉE.
JE PARS. LOIN.
JE PARS ENFIN.
Taverne de la Lampe
LÀ OÙ MON DESTIN M'ATTEND.
J'LES AI TOUS VUS, J'VOUS DIS ! BILL LA POGNE, DEMI-CUL, UNE JAMBE ET SERGIO LE TOMBEUR ! TOUS ENGAGÉS, LARBINS CHEZ LES ARISTOS ! LA MER, C'EST FINI POUR EUX, LES GARS !
ÇAAAAAA M'DÉGOUTE !!
REPRENDS-TOI, OLD DOG ! T'AS L'MORAL QUI GLISSE... CE QUI T'FAUT, C'EST DES EMBRUNS, LES VAGUES QUI SE CASSENT, LE VENT DANS TA BARBE !
OOOUAIIIIIS, LA MER ! LA MER !!
OLD DOG, Y A UNE AMBIANCE BIZARRE CE SOIR !... OUAIS, JE SENS QU'CE SOIR QUELQU'CHOSE VA S'PASSER !!...

RAPHAËL **DROMMELSCHLAGER** & GREGORY **SAINT-FELIX**

À suivre...

QUE DIT LA MÉTÉO AUJOURD'HUI ?
CIEL COUVERT... DE PLASTIQUE !
ET ÇA NE VOUS RÉVOLTE PAS QUE L'OCÉAN SOIT DEVENU UNE POUBELLE ?
C'EST VRAI CE QUE DIT P'TIT BOUT, BIENTÔT ON VIVRA DANS LE NOIR.
MÊME TOI, OCÉANIA, T'AS UNE BOUTEILLE QUI S'EST INCRUSTÉE SUR TA CARAPACE !
MEUH NON, JE L'AI JUSTE RÉCUPÉRÉE.
VIENS, SAUTE DEDANS !
ON QUITTE CES RÂLEURS INACTIFS !
ON VA OÙ ?
DANS UN ENDROIT OÙ LES GENS SE PRÉOCCUPENT DE NOUS !
LE MUSÉE OCÉANOGRAPHIQUE DE MONACO !
UNE BOUTEILLE À LA TERRE !!
HEU... MAIS JE LEUR DIS QUOI ?!
QU'ILS SENSIBILISENT UN MAXIMUM DE VISITEURS À LA VIE DANS LES OCÉANS...
...ET TU SALUES TOUS NOS COLLÈGUES QUI ÉMERVEILLENT LE PUBLIC !
REGARDE MAMAN, LE POISSON-CLOWN ET LA SEICHE FONT DU FREESTYLE !
Bienvenue
C'EST CHOUETTE, CHÉRI...
...MAIS POUR LE RESPECT DES OCÉANS, COMMENCE PAR RAMASSER TA CANETTE.

POWER UP!

PAR ARTIZARNAL

QUOI DE NEUF, CAPTAIN ?

CAPTAIN TOAD TREASURE TRACKER SORTI INITIALEMENT SUR WII U EN 2015 RENAÎT AUJOURD'HUI SUR SWITCH. CETTE RÉÉDITION PROPOSE DES NIVEAUX INÉDITS ISSUS DE SUPER MARIO ODYSSEY ET PERMET DE PARTAGER L'EXPÉRIENCE AVEC UN AUTRE JOUEUR : LE PREMIER CONTRÔLE TOAD TANDIS QUE LE SECOND INTERAGIT DIRECTEMENT AVEC L'ENVIRONNEMENT EN JETANT DES LÉGUMES OÙ BON LUI SEMBLE.

ET SUR 3DS ?

LE CAPTAIN DÉBARQUE AUSSI SUR 3DS ! L'EXPÉRIENCE EST QUASIMENT LA MÊME À QUELQUES DÉTAILS PRÈS : PAS DE MODE DEUX JOUEURS MAIS UN RENDU 3D RELIEF DU PLUS BEL EFFET QUI COLLE PARFAITEMENT AVEC L'ESTHÉTIQUE ADORABLE DU TITRE.

CAPTAIN TOAD
TREASURE TRACKER

/// SUPPORT : NINTENDO SWITCH /// ÉDITEUR : NINTENDO
/// TYPE : ACTION/RÉFLEXION /// NOMBRE DE JOUEURS : 1 À 2

■ *CAPTAIN TOAD TREASURE TRACKER EST UN JEU D'ACTION RÉFLEXION TRÈS RÉUSSI. PARFAITEMENT RÉALISÉ, IL PROPOSE DES ENVIRONNEMENTS ET DES SITUATIONS SUFFISAMMENT VARIÉS POUR NE PAS LASSER LE JOUEUR. ASSEZ FACILE AU PREMIER ABORD, LE TITRE SE MONTRE BEAUCOUP PLUS RETORS LORSQU'IL S'AGIT D'ATTEINDRE LE SEUIL DES 100%. SE PRÊTANT PLUTÔT BIEN À DE COURTES SESSIONS DE JEU, CETTE VERSION EN FAIT UN INDISPENSABLE SUR SWITCH. SI VOUS NE L'AVEZ PAS DÉJÀ FAIT SUR WII U, FONCEZ CAR CAPTAIN TOAD POURRAIT BIEN DEVENIR LE COMPAGNON IDÉAL DE VOTRE ÉTÉ !*

16/20

PAOLA CRUSOÉ

INTERVIEW CROISÉE

Mathilde Domecq, autrice de « Paola Crusoé », s'entretient avec Lili, une jeune lectrice de 9 ans, qui connaît bien la série.

LUCIE : de quoi t'es-tu inspirée pour écrire « Paola Crusoé » ?

Principalement de mes lectures, de mes voyages, un peu de mon enfance aussi. Lorsque j'avais ton âge, j'ai eu la chance de découvrir à l'école le roman de Michel Tournier, « Vendredi ou la vie sauvage ». Cette lecture m'a beaucoup impressionnée. Plus tard, ma mère s'est installée en Guadeloupe. J'ai alors découvert les plages, la végétation, le climat de cette île incroyable, que j'ai immédiatement voulu dessiner. Et assez naturellement, est née Paola.

LUCIE : combien de temps as-tu mis pour écrire la trilogie ?

Environ un an pour chaque volume de 80-90 pages. Un peu plus de trois ans en tout.

Lucie : connais-tu quelqu'un qui a vécu la même histoire que Paola ?

Je ne connais personne qui a réellement fait naufrage. Mais je connais des personnes qui ont été séparées et qui ont dû compter sur les membres de leur famille pour se sortir de situations imprévues et difficiles.

LUCIE : lequel des trois tomes as-tu préféré écrire et pourquoi ?

C'est le tome 3, celui qui m'a donné le plus de travail et aussi celui que j'ai préféré écrire. Car depuis le début, je souhaitais faire une trilogie, je savais que l'histoire devait se terminer en trois albums. Mais boucler l'intrigue n'était pas simple. C'était un véritable défi, très stimulant.

MATHILDE : toi Lili, quel est le moment qui t'a le plus émue dans cette aventure ?

Dans le tome 3, c'est quand Paola et Béné se retrouvent seules au milieu de l'océan. J'ai eu peur pour elles.

LUCIE : Mathilde, aimerais-tu vivre sur une île déserte ?

Je ne crois pas. Je préfère raconter l'histoire de naufragés bien au chaud dans mon atelier.

Mathilde : et toi, si tu étais naufragée sur une île déserte, avec ta famille, qu'est-ce qui te manquerait le plus ?

Mes amis, l'école et les livres !

> extraits de story-boards de ***Paola Crusoé* T3** « Jungle urbaine »

L'esprit **Tchô!** c'est **quoi ?**

- À nouveau, la liberté et un esprit "colonie de vacances" avec des sales gosses. Impertinent mais sérieux malgré tout -

OLIVIER MILHAUD

MATHILDE DOMECQ

J'EN PEUX PLUS ...
EN FAIT C'EST ÇA.
JE SUIS EN ENFER.
À QUATORZE ANS, ÊTRE PRISONNIER SUR UNE ÎLE DÉSERTE AVEC SON PÈRE ET SES DEUX SOEURS ...
JE NE VOIS PAS BIEN CE QU'IL PEUT Y AVOIR DE PIRE.
MAIS JE FINIRAI BIEN PAR M'ÉCHAPPER.
AVEC OU SANS EUX.

BLAM
BLAM
BLAM
YAH!
BLAM
RHUMF!
CRAAA
ET DE DIX!
GNNN...
23 PIERRES!
ALLEZ, ENCORE UN EFFORT!

PAPA ! ON A TOUT SEMÉ !
IL TE RESTE DES GRAINES ?
C'EST BON LES FILLES. VENEZ, ON VA SE METTRE EN CUISINE.
POURVU QUE ÇA POUSSE AUSSI BIEN QUE LES RACINES BLANCHES...

MATHILDE **DOMECQ**

Découvrez la suite de Paola Crusoé dans sa nouvelle édition, disponible actuellement en librairie

L'ORIENTATEUR PROFESSIONNEL
MUT MUT MUT MUT
FACTURE
EMPLOI
ET TOI, ALORS...? QU'EST-CE QUE TU AIMERAIS FAIRE QUAND TU SERAS GRAND ?
HEU... JE DOIS OBLIGATOIREMENT GRANDIR ?

ZEP

MA VIE EST NULLE
VOUS NE DEVRIEZ PAS RESTER PRÈS D'UN TYPE COMME MOI ...
MAIS ... POURQUOI ?
J'AI UN TERRIBLE SECRET ... AUTREFOIS, J'AI ÉTÉ EXPOSÉ À DE FORTES RADIATIONS ...
ET SOUS L'EFFET DE L'EXCITATION JE ... GROAAR
MON DIEU !
CRATCH
HULK, ÇA C'EST VRAIMENT UN SUPER-HÉROS !
GROMF CRAC OH BRUCE
WAAAR
WAAAAH !
MOI AUSSI, J'AIMERAIS AVOIR UN TERRIBLE SECRET, MAIS J'AI PAS ÉTÉ EXPOSÉ À DES RADIATIONS ...
PFFF
TU SAIS, TU DEVRAIS PAS RESTER PRÈS D'UN TYPE COMME MOI !
JE SAIS !! T'OUBLIES TOUJOURS TES AFFAIRES !
L'AUTRE JOUR, À LA TÉLÉ, Y'AVAIT LES ENFANTS DE TCHERNOBYL !
SOUMIS À DES RADIATIONS DÉPASSANT DE
WAAAAH !!! ILS PEUVENT AUSSI SE TRANSFORMER ... ... EN BIOMAN !
ILS DOIVENT AVOIR DES SUPER-POUVOIRS COMME VOIR À TRAVERS LES MURS DES DOUCHES OU VOLER AVEC UNE CAPE !
PAPA !! ON DÉMÉNAGE À CÔTÉ D'UNE CENTRALE NUCLÉAIRE ?!
ÇA SERAIT COOL !
CE QUI SERAIT COOL, C'EST QUE TU FINISSES TON ASSIETTE ET QUE JE NE T'ENTENDE PLUS !!
... MON TERRIB' SECRET, C'EST QUE MES PARENTS SONT DES BLAIREAUX .
CHOMP
Z.

CHIARD-T'OSES-PÔ
MOI, J'L'AI FAIT À NADIA..
OUAIP.
C'EST RIEN DU TOUT, MOI JE LE...
CHIARD-T'OSES-PÔ!
ÇA A RIEN À VOIR... JE...
CHIARD-T'OSES-PÔ!!!
T'AS PAS LES COUILLES!
ÇA... 'FAUT EN AVOIR DANS LE PANTALON!
J'Y VAIS!
'VONT VOIR...
TU VEUX QUOI, TITEUF ??
JE..
HEU
GLP
AAAAAH!
POUËT
ÇA VA PAS LA TÊTE ?!? T'ES MALADE ?!! TU VEUX UNE BAFFE, OU QUOI ?!?
CHIARD-T'OSES-PÔ
SI MÊME LES FILLES ELLES EN ONT DANS LE PANTALON...

FRISSONS DANS LA NUIT
00:50
RRR
ZNIK ZNIK ZNIK
ZNIK
ZNIK
ZNIK
KLIK
...
... RAISON DE LA CONJONCTURE, NOUS REMPLAÇONS L'ÉMISSION SEXY ZAP PAR LA REDIFFUSION DU DISCOURS PRÉSIDENTIEL SUR LA CRISE SYNDICALE DU...
GLL
T'EN FAIS UNE TÊTE, TITEUF... TU AS MAL DORMI ?
J'AI RÊVÉ QUE JE DEVENAIS TERRORISTE !
Z.

CHIPPENDALE
TOODOUUU
TAAAAM
DOU DOU
DOU DOU
CLIP
CLIP
DOUDIDOU
WOOOP
VOUSH
VOUSH
VOUSH
TADAAAM
TSAAAM
TADAA.GLP
VISITE MÉDICALE
TAP TAP TAP TAP TAP
'SUIVANT!!
BEN... LE COUP DU CHARME TORRIDE, ÇA A PÔ MARCHÉ DU TOUT AVEC LA GROSSE VACHE !!
VISITE MÉDICALE
Z.

LE PARADIS PERDU
POUR SE MARRER AVEC LES COPAINS, Y'A UN TRUC INÉPUISABLE...
TU ME TIRES LE DOIGT, S'IL TE PLAÎT...?
?
PROUT
...ÇA MARCHE DANS PLEIN DE SITUATIONS...
LE SOUS-MARIN NUCLÉAIRE ATTAQUE!
QUARK!
AUX ABRIS!
BREFLBLL
Y'A LES BRUYANTS...
"LE RENARD, PAR L'ODEUR ALLÉCHÉ, LUI TINT À PEU PRÈS CE LANGAGE:
BRAFT!
OOPS
LES ANONYMES...
DEGUEULASSE...
QUI C'EST QU'A PÉTÉ?!
M-MAIS C'EST PAS MOI!!
ÇA CHLINGUE!
EURK
LES TOXIQUES...
PUISQUE LE KFF RESPONSABLE NE VEUT PAS SE URP DÉNONCER...
...LE COURS DE KFF FRANÇAIS SE POURSUIT DANS LE PRÉAU
Y'A AUSSI LES DÉBATS SCIENTIFIQUES...
LES FILLES, ÇA PÈTE PAS.
...C'EST POUR ÇA QU'ELLES ENFLENT DES NICHONS!
SÛR.
AH BON?
QUAND Y'A DU CASSOULET À LA CANTINE, C'EST L'ÉMEUTE...
DEUXIÈME SERVICE
MOI! ENCORE! ICI!
MOI!
... APRÈS, 'FAUT RÉUSSIR À PIÉGER QUELQU'UN DANS L'ASCENSEUR DE LA MORT.
BOM
BOM
... JE ME DEMANDE COMMENT ON S'AMUSE QUAND ON A UNE COPINE?
... ÇA DOIT ÊTRE CHIANT.

cité de la rigolade

ZEP

le bon plan
DEUX CHOCOS.
CINQ.
DEUX... ET DEMI.
QUATRE.
BON... TROIS. ET PÔ UN DE PLUS.
ET QUE ÇA FASSE VRAI
GRRAAOOOR
?
ÇA VA PAS ?
UN PETIT BISOU, NADIA ? HA!HA!
QU'EST-CE QU'IL A, CE GROS DÉBILE !?
HÉ! HO!
BAFF
LÂCHE-MOI, DUNAZE !
CRUNK
NON MAIS...
AY...
AY...
TSSSAAAM ! LAISSE-LA TRANQUILLE, PÔV' TYPE ! GRRR !
JE SUIS LÀ, NADIA !
BEN?? QU'EST-CE QUE TU FOUS PAR TERRE ?
... T'AS ÉTÉ TROP VITE !
RENDS-MOI MES CHOCOS !
ET ALORS ? ... AVEC NADIA ?
TA GUEULE !!!

éducation sexuelle
NOTEZ VOTRE QUESTION SUR UN PETIT PAPIER ET MADAME FIBROME Y RÉPONDRA ...
HU HU!
est-ce qu'on pourrait pas laver les spermatozoïdes pour enlever le virus du sida ?
est-ce que les spermatozoïdes qui n'ont pas pu rentrer dans l'ovule sont tristes ?
est-ce qu'il y a un jouet dans les paquets de préservatifs ?
Si on a une pénis, on peut faire des matsche de pénis ?
est-ce qu'on est obligé de faire l'amour ?
COPIE PAS!
est-ce qu'on sent le goût des épinards par le cordon ~~ombilit~~ ~~obli~~ ~~ombil~~ bidulical ?
est-ce qu'on peut se tromper de trou ?
BONNE QUEFTION ...
est-ce que vous étiez déjà grosse quand vous étiez un spermazo-toïde ?
ALORS, TITEUF... EST-CE QUE ÇA S'EST BIEN PASSÉ ?
NOTE TA QUESTION SUR UN PETIT PAPIER...
JE TE RÉPONDRAI PLUS TARD!

ZEP

cataclysman
À LA CAMPAGNE, JE SÈME LA TERREUR ...
TZZAM!
SPLOUSHH
RAZ DE MARÉE !
DZZZAM !
JE SUIS LE TERRIBLE CATACLYSMAN, REDOUTÉ DE TOUS ...
AÏYYYY !
LES FOURMIS, LES FLEURS ...
ON SE DÉCOUVRE DEVANT CATACLYSMAN !
ZBLOUSH
... LES MOUCHES ...
JE L'AURAI !
DZZAM !
FSCHIOU !
DZZZI !
DZZK
MÉFIE-TOI DES MOUCHES ...
... ELLES ONT UN CHAMP DE FORCES !
... ET ELLES FRAPPENT AU-DESSOUS DE LA CEINTURE ?!
C'EST MOCHE !

les risques du rackett
'Y A UN GRAND QUI A ESSAYÉ DE NOUS RACKETTER...
FILE-MOI TON FRIC, MICROBE !
IL A COMMENCÉ PAR VOMITO, QUI EST VACHEMENT ÉMOTIF...
AAAAAAH !
APRÈS, IL A ESSAYÉ AVEC JEAN-CLAUDE...
AU FFFF COURS! ON M'AGREFFE !!
ENSUITE, IL A VOULU PIQUER LES NIKE DE PUDUK...
GN
GN
POP
DEPUIS, ON L'A PLUS REVU...
'PARAÎT QU'IL EST À L'HÔPITAL
ON POURRAIT LUI RENDRE VISITE...
BONNE SNRF IDÉE
SNFL

Jimi hendrix
PAPA ET MAMAN ONT DÉCIDÉ QUE JE DEVAIS APPRENDRE UN INSTRUMENT...
INSCRIPTIONS SAISON COURS
ET LE PIANO ? C'EST BIEN, LE PIANO ...
HEU... Y A PÔ UN TRUC AVEC MOINS DE NOTES ?
PLUNK
... AVEC MOINS DE NOTES, IL Y A LA FLÛTE ...
NAN... LA FLÛTE, ÇA FAIT FILLE...
... QUI-NE-FAIT-PAS-FILLE, AVEC MOINS DE NOTES... LE TRIANGLE !
ÇA ! J'VEUX ÇA !!
BIEN. JE T'INSCRIS POUR MERCREDI AU COURS DE GUITARE
... ÉLECTRIQUE ! RAJOUTEZ ÉLECTRIQUE !
LE MERCREDI SUIVANT, LES GUITARES, ELLES ÉTAIENT PÔ DU TOUT ÉLECTRIQUES...
... LA GUITARE SÈCHE OU CLASSIQUE SE COMPOSE D'UN CORPS ET D'UN MANCHE...
DW DW DWW DW
HÉ ! M'SIEUR ! IL POSTILLONNE SUR MA GUITARE !
BEN, COMME ÇA, ELLE SERA MOINS SÈCHE, TA GUITARE !
PFFF... EN PLUS, TU SAIS MÊME PAS LA TENIR COMME IL FAUT !!
J'LA TIENS COMME DJIMI HENDRIX, MA GUITARE ! PÔV' TYPE !
AH OUAIS ? IL LA TENAIT COMME UNE RAQUETTE ?
IL ÉTAIT TENNISMAN ?
ON SE CALME !
VOILÀ CE QU'IL TE DIT, LE TENNISMAN !
CRUSH
ALORS ? TU ES UN GRAND MUSICIEN ?
UNE STAR DU ROCK !
FACTURE
... D'AILLEURS, LE PROF VOUDRAIT UN AUTOGRAPHE...
Z.

papa est un voleur
MON PAPA, IL ME PIQUE TOUS MES JOUETS...
HÉ! HÉ! RIGOLO, CE TRUC!
...COMME ÇA, L'AIR DE RIEN...
HA! HA! VOUS EN AVEZ DE LA CHANCE!
VVZZZZZZZZZZZZZZZZZZZZZZ...
DÈS QUE J'EN AI UN NOUVEAU : HOP!...
BZZZZ
GRRRR
KROUIII
ON AVAIT PAS DES BIDULES COMME ÇA, NOUS...
HA HA
... MAIS ON S'AMUSAIT QUAND MÊME!
...TU PARLES!
EN PLUS, IL UTILISE DES PRÉTEXTES NULS!
JE L'AIDE PARCE QUE C'EST UN PEU DIFFICILE POUR SON ÂGE...
PAR CONTRE, LUI...
PAPA, ON PEUT JOUER AVEC TES BALLONS?
PFFF
...IL PRÊTE JAMAIS SES AFFAIRES.
Y'A VRAIMENT PÔ DE JUSTICE!
Z.

l'arrache-slip
LE SPORT PRINCIPAL À LA PISCINE, C'EST PAS LA NATATION...
C'EST D'ARRIVER À BAISSER LE SLIP DES AUTRES..
ÉVIDEMMENT...
...'FAUT ÊTRE MÉGA VIGILANT...
?
...JAMAIS RELÂCHER SON ATTENTION...
NOUS ALLONS NOUS ENTRAÎNER AU PLONGEON DE DÉPART...
?
?
... MAIS ÇA SUFFIT PÔ !
ALORS, J'AI EU UNE SUPER IDÉE...
LES BRETELLES DE MON PÉPÉ..
...RÉGLÉES AU MAXIMUM !
BONNE CHANCE, LES MECS !
HOU LE TRICHEUR !
APPELEZ-MOI TITEUF-L'INVINCIBLE ...
WAHAHAHA
GAW
ZLAK
?
...C'ÉTAIT UNE IDÉE SUPER NULLE.
ÇA VA ?

le photomaton de l'épouvante
photomaton COLOR
VOS PHOTOS EN 3 MINUTES
photomaton COLOR
VOS PHOTOS EN 3 MINUTES
photomaton COLOR
VOS PHOTOS EN 3 MINUTES
FLASH
photomaton COLOR
VOS PHOTOS EN 3 MINUTES
FLASH
photomaton COLOR
VOS PHOTOS EN 3 MINUTES
photomaton COLOR
VOS PHOTOS EN 3 MINUTES
Z.

le couloir de la mort
ALLER AUX WC LA NUIT, QUAND ON A UNE PETITE SOEUR, C'EST HYPER DANGEREUX...
ELLE LAISSE TRAÎNER SES JOUETS PARTOUT...
BONJOUR!
JE SUIS TON AMI
LA LA
POUIK
DES LEGOS...
AYYYY
LE CAMPING-CAR DE BARBIE...
SLAF
LA BROSSE À CHEVEUX DE BARBIE...
CRUNK
LA VOITURE DE KUKU-LE-CLOWN...
POUËT
HA! HA! HA!
WAZAA
TAP
ET PIRE QUE TOUT : LES TALONS AIGUILLES DE BARBIE !
Y'A DES NUITS OÙ JE ME DEMANDE SI JE VAIS PÔ RECOMMENCER À FAIRE PIPI AU LIT...
AïE!
HEUREUSEMENT, TOUTE LA FAMILLE EST SOLIDAIRE...
AH ! PAPA A EU UN LEGO...
... 3 POINTS !
Z.

Kamikaze
ENCORE UN ATTENTAT SANGLANT À KABOUL. LES TERRORISTES ONT FAIT SAUTER UNE BIBLIOTHÈQUE POUR PROTESTER CONTRE LA PARUTION DU LIVRE BLASPHÉMATOIRE...
SLRP
MOI, SI J'ÉTAIS TERRORISTE, JE ME FERAIS PÉTER POUR DES TRUCS VRAIMENT INTOLÉRABLES...
TIK
... LES CHOUX DE BRUXELLES À LA CANTINE...
TIK
... LE RÉVEIL À 7 HEURES, EN PLEIN HIVER...
BIP BIP
7:00
TIK
... L'HALEINE DU PROF DE TRAVAUX MANUELS...
LES CACAS DE CHIEN DEVANT MON IMMEUBLE...
WOW
ÇA VA SAIGNER !!!
FAISONS PÉTER LES CROTTES BLASPHÉMATOIRES !!!
C'EST VRAIMENT CON, LE TERRORISME.
Z.

fumer peut rendre la vie nulle
J'AI PIQUÉ UNE CIGARETTE À MON FRÈRE ! QUI VEUT ESSAYER ?
BEUH ...
NON MERCI.
SMMUF...
ÇA FAIT RIEN ...
SI ! ÇA REND IMPUISSANT DU ZIZI ! C'EST ÉCRIT SUR LA PUB DES PAQUETS.
ET TOI, MANU ? T'ESSAIES PÔ ?
NON. PARCE QUE JE VEUX PAS PUER LA CLOPE !
OH NOOOON ! C'EST HORRIB'!! JE SENS LA FUMÉE !!
MA MÈRE VA M'ARRACHER LA TÊTE !!
SÛR !
ALLEZ TCHÔ !
SNF
SNF
D'ABORD AÉRER...
... PARFUMER ...
POCHHHH
L'ASPIRATEUR, C'EST PLUS SÛR !!
TRIPLE DOSE DE DENTIFRICE !
FROTT FROTT
NOOOOOON...
JE PUE ENCORE !
SNF
C'EST PÔ POSSIB' !
DIRE QUE JE VENAIS DE PRENDRE UNE DOUCHE !
... AVANT-HIER !
TITEUF, À TAB...
WOW !
TU AS RANGÉ TA CHAMBRE ?!?
BRAVO !!
'FUMERAI PLUS JAMAIS !
TU VOIS, TU VOIS ...

le détonateur secret
LA VISITE MÉDICALE, C'EST LA TORTURE...
TOUT LE MONDE EN SLIP!
APRÈS NOUS AVOIR TRIPOTÉS AVEC DES TRUCS GLACÉS...
MMMMM... C'EST PAS TRÈS PROPRE, LÀ-DEDANS...
...ELLE NOUS MET LE COUP DE GRÂCE...
TIRE LA LANGUE ET FAIS "AAA"
GGAAGK
...LE BÂTON QUI FAIT VOMIR!
MMMMMM
TOUT EST NORMAL
GGKKKGG
ÇA FAIT TOUT REMONTER ET APRÈS ON DOIT RAVALER SON PETIT-DÉJ' PRÉ-DIGÉRÉ...
ALORS?
REMONTÉE DE CÉRÉALES...
ÇA A ÉTÉ HORRIB'!
'SUIVANT!'
'PARAÎT QU'IL Y A UN INTERRUPTEUR AU FOND DE LA GORGE, PRÉVU POUR FAIRE VOMIR!
WARNING
ON
...ET ELLE FAIT EXPRÈS D'APPUYER DESSUS?!
C'EST LE DIABLE!
À CHAQUE FOIS, C'EST REPARTI POUR L'HORREUR!
FAIS 'AAA'
GRKKKKKK
HEUREUSEMENT, VOMITO EST LÀ POUR NOUS VENGER.
FAIS 'A...
AAA
2.

ZEP

Je suis maudit
J'EN AI MARRE DES GROUPES DE DEUX... JE TOMBE TOUJOURS AVEC LES PIRES...
AAAH... L'ÉQUIPE TITEUF-RÉGIS A PRIS UN PEU DE RETARD...
POUF POUF POUF POUF
J'AI ÉCHAPPÉ À RIEN : JEAN-CLAUDE POUR LE THÉÂTRE...
EN AVVFANT, FEVALIERS! FUIVEZ LA PIFTE!!
RAMON POUR L'INTERRO DE POÉSIE...
LE RENARD, PAR L'ODEUR ALLÉCHÉ, LUI TINT À PEU PRÈS CE LANGAGE ...
BOÑOUR MASSIEUR LA CORBEAU! QUÉ VOUS MA SEMBLEZ JOULI, VOU MA SEMBLA BEAU ...
HUGO POUR LE JUDO...
...ET EN LUI TENANT FERMEMENT LE BRAS, VOUS FAITES BASCULER VOTRE CAMARADE SUR VOTRE DOS...
CROUIC
PUDUK À LA GYM...
ENSUITE NOUS ENTRAÎNERONS LES MOUVEMENTS DU PIED...
MORVAX À LA PISCINE...
- SNUF -
J'AI DÛ PRENDRE FROID...
C'EST FINI! J'EN AI MARRE, MARRE, MÉGAMARRE...
NOUS ALLONS FORMER DES GROUPES DE DEUX...
JE DOIS ALLER AUX TOILETTES!
ATTENDS AU MOINS QU'ON AIT FAIT LES GROUPES... TU VAS TE RETROUVER TOUT SEUL.
ÇA FAIT RIEN ... ÇA FAIT RIEN.
JE DOIS Y ALLER! ÇA PRESSE!
BON.
Y'A PLUS DE DOUTE... JE SUIS MAUDIT!
POUR LES PAS DE VALSE, REGARDEZ BIEN COMMENT JE FAIS AVEC VOTRE CAMARADE...

Zéro de graffiti
RÉFUGIÉS = PROFITEURS
ÇA VEUT DIRE QUOI, "PROFITEURS" ?
HEU...
JE CROIS QUE C'EST UNE PÂTISSERIE... EN FORME DE BOULE AVEC DE LA CRÈME AU CHOCOLAT DEDANS !
...OU À LA VANILLE !
C'EST VACHEMENT BON !
?
PFFF
PAS DU TOUT, BANDE DE DÉBILES ! ÇA, C'EST DES PROFITEROLES !!
..."PROFITEURS", ÇA VEUT DIRE... HEU...
OUAIS ? BEN VAS-Y !...
...MONSIEUR JE-SAIS-TOUT.
ÇA VEUT DIRE "QUI VIENNENT DANS NOTRE PAYS POUR VIVRE COOL, SANS RIEN FAIRE"...
WAAA !
"SANS RIEN FAIRE" ?? ÇA VEUT DIRE QUE J'AI PAS BESOIN DE FAIRE LE TEST DE PISCINE, MARDI PROCHAIN ??
AAH BEN NON.
T'ES OBLIGÉE ...
ÇA VEUT PÔ DIRE ÇA !
NON... JE SAIS !! "PROFITEURS", C'EST CEUX QUI VIENNENT CHEZ NOUS POUR GAGNER PLUS !!
ÇA PEUT PAS ÊTRE ÇA... MOI, J'AI TOUT PERDU EN QUITTANT MON PAYS...
...MA MAISON, MA FAMILLE, MES AMIS ...
BON,.. ALORS C'EST PÔ ÇA NON PLUS...
ON COMPREND RIEN.
SI ÇA SE TROUVE, LE TYPE S'EST TROMPÉ ?
OUAIS.
SÛREMENT.
?
RÉFUGIÉS = PROFITEroles
Z.

ZEP

l'ordonnance de la honte
PHARMACIE
BONJOUR, JE VOUDRAIS DU... REC... RE... HEU...
DONNE-MOI TON PAPIER.
RECTALIX ! CE SONT DES SUPPOSITOIRES !!
JE VAIS TE CHERCHER ÇA !
OUI, BON... PÔ LA PEINE DE CRIER.
...ET VOILÀ TA BOÎTE DE SUPPOSITOIRES !
...À SE METTRE DEUX FOIS PAR JOUR.
MERCI.
SALUT TITEUF ! T'ACHÈTES DES SUPPOSITOIRES ? T'ES MALADE ?
HEIN ?
PÔ DU TOUT... PÔ DU TOUT ! C'EST... DES... DES... BONBONS POUR... LA TOUX !
?
...Y'A PAS DE HONTE À PRENDRE DES SUPPOSITOIRES.
J'TE DIS QUE C'EST DES BONBONS !!
QU'EST-CE QU'IL Y A ?
TITEUF A ACHETÉ DES SUPPOSITOIRES.
C'EST PÔ DES SUPPOSITOIRES !!!
...D'AILLEURS, J'EN PRENDS UN !
MMMM... ILS CHONT HYPER BONS...
T'EN VEUX ?
BON, ALLEZ... JE DOIS RENTRER...
TCHÔ BURP !
MACH MACH
TU AS VRAIMENT MANGÉ UN SUPPOSITOIRE ??
ÇA VAUT MIEUX QUE S'ENFILER UN BONBON POUR LA TOUX DANS LE TROU DE BALLE !
PTEURK
Z.

Supertiteuf
FRRR
FRRLL
TITEUF!
ÇA FAIT UNE DEMI-HEURE QUE TU ES AUX TOILETTES !!
VOOOODOSSH
DRY-HAND
DÉJÀ ?
HEU... JE SUIS PRESQUE SEC.

nadiamorphose
OUAF
ARF
?
C'EST UNE NOUVELLE APPLI QUI S'APPELLE DÉFORMATRONCHE !!
OUAF !
JE TE PRENDS EN PHOTO !
TU VAS VOIR, C'EST HYPER DRÔLE !
KLK
JE SECOUE...
ATTENTIOOOON...
?
ET VOILÀ !
LÀ, ON A PHOTOGRAPHIÉ LA MAÎTRESSE ! HIHIHIHIHI !
HA HA !
ARF ARF !
ON DIRAIT UN MARTIEN !
FAUT QUE JE MONTRE ÇA AUX FILLES !!!
ELLES CONNAISSENT PEUT-ÊTRE DÉJÀ...
HÉ ! NADIA !!
?
JE TE PRENDS EN PHOTO !
JE SECOUE...
EEEET...
HI HI HI HI !
ZBLAAFF
ELLE CONNAISSAIT DÉJÀ.
Z.

multiteuf
LES FILLES, ELLES ME VOIENT COMME ÇA :
LA MAÎTRESSE, COMME ÇA :
POUR DIEGO-LE-RACKETTEUR, JE SUIS ÇA :
POUR ZIZIE :
POUR RAMATOU :
POUR ROMUALD-LE-GROS-Q-I :
POUR LE CONCIERGE :
... POUR MES PARENTS :
HEUREUSEMENT QU'IL Y A MOI POUR ME VOIR NORMALEMENT ...
... SINON, CE SERAIT DU GÂCHIS.
Z.

NOB *présente*

Bichon

« J'aime beaucoup ***Bichon****. Et pour moi* ***Bichon*** *est une série typiquement Tchô!, dans le sens où il n'y a que Tchô! qui pouvait l'éditer. C'est une bande dessinée qui bouscule les codes, tout en restant grand public. En l'occurrence,* ***Bichon*** *bouscule surtout les genres.*

S'interroger sur la question du genre dans une bande dessinée tout public, c'est fortiche. Et ***David Gilson*** *y arrive avec une grande sensibilité et beaucoup d'humour, délicatesse et intelligence. Des qualités dont manquaient visiblement les détracteurs de* ***Bichon*** *à sa sortie.*

Non seulement la série est très jolie, dans le dessin comme dans le propos, mais en plus elle a une grande importance thématique. La question n'étant pas tant ses préférences sentimentales que la sensibilité de ce héros qui ne veut pas rentrer dans la case qu'on lui impose (rigolo, pour un héros de BD).

Bichon, c'est un punk !

Parfois, certains parents freinent devant certaines séries parce que le thème semble clivant (le genre pour ***Bichon****, la vieillesse pour* ***Mamette****) et ont peur que cela « heurte » leurs enfants. Les enfants ont beaucoup moins de barrières. À partir du moment où ce qui est raconté est compréhensible et amusant, ils sont au contraire très ouverts à des propos qui leur racontent la « vraie vie », et pas la vie telle que certains voudraient la formater ! Une bonne bande dessinée familiale, c'est une bande dessinée qui ouvre l'esprit des enfants et des parents, et qui incite au dialogue.*

Bref, on est au cœur de l'esprit Tchô! »

DAVID GILSON

SALETÉS D'OIGNONS ...
SNIF SNIF...
SNIF ?
SNIF...
SNIF...
BAH ALORS, MON BICHON ?...
RACONTE À MAMAN CE QUI TE REND SI TRISTE.
C'EST MYRIAM. SNIF... ENFIN, SA MAMAN. À CAUSE D'ELLE, JE NE SUIS PAS INVITÉ CHEZ ELLE POUR SON ANNIVERSAIRE... C'EST TROP INJUSTE !
TOUT ÇA PARCE QUE SI J'AI BIEN COMPRIS, JE NE SUIS PAS CENSÉ JOUER AVEC DES FILLES ET QUE JE DEVRAIS PLUTÔT JOUER AU FOOT OU AUX VOITURES AVEC LES AUTRES GARÇONS.
J'COMPRENDS RIEN, MOI...
TE BILE PAS POUR ÇA, MON CHATON. MOI J'AI PLUTÔT L'IMPRESSION QUE C'EST LA MAMAN DE MYRIAM QUI NE COMPREND RIEN, POUR NE PAS DIRE QU'ELLE EST MÊME CARRÉMENT À L'OUEST.
ALLEZ, HAUTS LES COEURS ! ON VA TROUVER UNE IDÉE POUR QUE TU PUISSES ALLER QUAND MÊME FÊTER L'ANNIVERSAIRE DE TA MEILLEURE AMIE.
TOUT SE PASSE BIEN, ICI ? C'EST NORMAL QUE VOUS PRENIEZ UN BAIN TOUT HABILLÉS ET SANS EAU DANS LA BAIGNOIRE ?...
BEN OUI, NINI ! ÇA SE VOIT PAS ?
AH TIENS, IL SE POURRAIT QU'ON AIT BESOIN DE TON AIDE MON CHÉRI.
AH BON ? MAIS ENCORE ?...

C'EST COOL QUE VOUS SOYEZ TOUTES VENUES POUR MON ANNIV'.
DZZZIIING !...
?
J'AI UNE LIVRAISON...
JE VOUS OUVRE...
?!!
... UN GÂTEAU POUR MADEMOISELLE MYRIAM SOLAL !
MAIS NOUS N'ATTENDIONS PAS DE GÂTEAU, MONSIEUR. IL DOIT S'AGIR D'UNE ERREUR.
NON, NON...
SURPRISE !!
HIIIII !
BON ANNIVERSAIRE, MYMY...
MERCI, SACHA ! C'EST LA PLUS BELLE SURPRISE QUE J'AI JAMAIS EUE !
HÉ, HÉ...
C'EST BEAU DE VOIR CETTE BELLE AMITIÉ, NON ?
ET VOUS AVEZ VU ? NOTRE FILS N'EST MÊME PAS VENU HABILLÉ EN PRINCESSE...
GRUMPF !...
HI ! HI ! HI !...

?
Myriam
Sacha
OH ! UNE CARTE DE SAINT-VALENTIN...
MAIS QUI EST-CE QUI M'ENVOIE CES PETITS MOTS DOUX ANONYMES À LA FIN ?
MYRIAM ?
AGNÈS ?
CHRISTELLE ?
CARI ?
CHUCHU ?
APRÈS L'ÉCOLE...
MAIS QUI EST AMOUREUSE DE MOI ?... ÇA COMMENCE À ME STRESSER...
HEY, SACHA ! TU FAIS UN BOUT DE CHEMIN AVEC NOUS, DIS ?

POURQUOI ELLE ME REGARDE COMME ÇA ? HAN... MAIS C'EST PARCE QUE CE DOIT ÊTRE ELLE QUI EST AMOUREUSE DE MOI !! GLUPS !...
MAIS OUI ! COMME MIMINE VOULAIT SE MARIER AVEC SON FRÈRE, ELLE VEUT SANS DOUTE FAIRE PAREIL AVEC LE SIEN : MOI !! RE-GLUPS !...
BON BAH, ON VA TE LAISSER LÀ, SACHA. TU SAIS QUE MA SOEUR ET TOI AIMEZ TOUS LES DEUX LES LICORNES ET LES PONEYS ? VOUS ÊTES FAITS POUR VOUS ENTENDRE !
!!
HÉ, HÉ... OUI, CERTES. VIOLETTE, S'IL TE MANQUE DES NUMÉROS DE "MA PETITE LICORNE", JE TE LES PRÊTERAI SI TU VEUX...
OH, SACHA... MERCI, TU ES DÉCIDÉMENT TROP MIGNON.
BONNE SOIRÉE.
JE SUIS TROP MIGNON... MAIS ALORS... JE ME TROMPE, CE N'EST PAS VIOLETTE, EN FAIT...
PLUS TARD, DANS SA CHAMBRE...
St Valentin
tu es un Bichon et tu es trop mignon.
MAIS OUI ! C'EST JEAN-MARC, C'EST SÛR !...
JEAN-MARC...

TCHÔ, LES GARS !
ON SE FAIT UN P'TIT FOOT ?
?
C'EST QUOI CE TRUC QUI DÉPASSE DE TON SAC ?
AAAH... ! C'EST UN BÂTON DE MAJORETTE, ÇA !
NON, C'EST PAS ÇA DU TOUT !
C'EST UN BÂTON DE... DE TWIRLING BÂTON ! ALORS DIS PAS N'IMPORTE QUOI !
HEY !...
OLIVIER, RENDS-MOI MON BÂTON TOUT DE SUITE !!
TU NOUS AVAIS CACHÉ QUE TU FAISAIS LA MAJORETTE, EDOUARDO...
TWIRLING BÂTON !
AH! AH! AH! AH! AH !!!
HEY OH !
OH HEY !

DAVID GILSON

JE CROIS QUE TON PETIT CAMARADE VIENT TE RAPPORTER TON BÂTON QUE TU AVAIS SOI-DISANT PERDU.
DIS-LUI MERCI !
JE PEUX PARLER SEUL À SEUL AVEC VOTRE FILS, MADAME FERRERO ?
EUH... OUI, BIEN SÛR.
WAOUH ! ÇA FAIT DRÔLE DE VOIR TA CHAMBRE !
BON, VAS-Y, ACCOUCHE ! TU VEUX TE VENGER DE MOI APRÈS TOUT CE QUE JE T'AI FAIT, C'EST ÇA, HEIN ?
MAIS NON... JE VOULAIS JUSTE T'AIDER. JE SAIS CE QUE ÇA FAIT QUAND LES AUTRES SE MOQUENT DE TOI, DE TES GOÛTS, DE CE QUE TU AIMES... JE SUIS BIEN PLACÉ POUR LE SAVOIR.
MAIS TU VIS TA PASSION ! Y'A RIEN DE HONTEUX À ÇA !! AU CONTRAIRE MÊME : C'EST UNE FORCE !
LA PREUVE : REGARDE TOUS CES PRIX QUE TU AS GAGNÉS ! TU PEUX VRAIMENT ÊTRE FIER !
C'EST SURTOUT MA MÈRE QUI EST FIÈRE...
JE T'AI VU T'ENTRAÎNER... ET C'EST ÉVIDENT QUE TU AIMES ÇA. FAIS COMME MOI : IGNORE LE REGARD DES AUTRES. BYE ED !...
IL EST RELOU LE BICHON MAIS IL N'A PAS TORT : LE TWIRLING BÂTON, C'EST TOUTE MA VIE ! FAUT QU'J'ASSUME.
AU REVOIR, MADAME...
MERCI, SACHA. TU ES UN COEUR !

DAVID GILSON

JE VOIS RIEN DE RIEN !!
ATTENDS, J'ENLÈVE LE BANDEAU !
TU ES PRÊTE ? TU PEUX OUVRIR LES YEUX !
VOUI !
WOUAH !
QUEL ENDROIT ÉTRANGE !
BIENVENUE, MARIE, DANS LE... TCHÔMUSÉUM !
ADMIRE NOTRE COLLECTION !
UN DESSIN DE JULIEN NEEL QUAND IL AVAIT 3 ANS.
UNE PHOTO MACROSCOPIQUE D'UNE AMIBE DE BOULET.
UN POIL DE NOB... EUH DE GROMPF !
UN SLIP DE TEHEM !

OLIVIER **SUPIOT** & ERIC **BAPTIZAT**

blow

QUELQUES SEMAINES PLUS TÔT...
ALORS, ÇA S'EST PASSÉ COMMENT AVEC TON BOSS ?
IL VEUT QUE JE CHANGE DE COULEUR DE CHEVEUX.
SÉRIEUX?
MYLA, TABLE 7!
OUAIS... GENRE ÇA PLAÎT PAS À CERTAINS CLIENTS.
C'EST QUOI CES VIEUX RÉACS?
ET ATTENDS, J'T'AI PAS TOUT DIT...
...SI J'LE FAIS PAS, J'SUIS VIRÉE!
HEIN?! NON MAIS J'HALLUCINE!
ET QU'EST-CE QUE TU VAS FAIRE?
JE SAIS PAS...
À DEMAIN, WILLIAM!
À PLUS, MYLA! ÉCLATEZ-VOUS BIEN
...ME LES TEINDRE EN BLEU!
AH!AH!AH! AH! AH!
T'ES GRAVE!
POWER GAME
PIZZA BAR GLACE
ON N'A PAS LE DROIT À L'ERREUR CETTE FOIS, IL FAUT ABSOLUMENT QU'ON MARQUE DES POINTS.
T'INQUIÈTE, JE SUIS À FOND!
ALORS LES PÉTASSES...
...PRÊTES À VOUS PRENDRE UNE RACLÉE?

À suivre...

C'EEEEST LA JAVA BLEEUE...
POURQUOI ON PASSE CHAQUE 14 JUILLET DANS LE VILLAGE DE TONTON VINCENT? C'EST L'ENDROIT LE PLUS NAZE DU MONDE!
RÔH... AU MOINS, IL Y A DE LA MUSIQUE...
ALLEZ, LES ENFANTS!
c'est la chenille qui redemarr
T'AS RAISON... C'EST L'ENDROIT LE PLUS NAZE DU MONDE...
PFF...
HÉ! C'EST NOUS QUI SOMMES NULS! AVEC ÇA ON PEUT PASSER LE 14 JUILLET AILLEURS! LÀ OÙ IL Y A UNE AMBIANCE DE FOLIE!
GENRE, À LAS VEGAS!
MAIS OUI!
DÉBILE! LE 14 JUILLET C'EST LA FÊTE NATIONALE FRANÇAISE! ÇA N'A LIEU QU'EN FRANCE!
AH... ZUT.
MAIS ON A QU'À PARTIR À UNE AUTRE ÉPOQUE!
... QUAND C'ÉTAIT MIEUX!
AH OUI!... MAIS QUAND?
LE PREMIER 14 JUILLET! CELUI OÙ ON A INVENTÉ LA FÊTE!
GÉNIAL! À CETTE ÉPOQUE, ILS DEVAIENT ÊTRE ENCORE JEUNES, LES HABITANTS DE CLAPOUILLIS-LES-OIES!!...
NON. ON VA À PARIS! C'EST LÀ-BAS QUE ÇA A COMMENCÉ!
GO!
?

BBOOM
LA VACHE ! ILS Y VONT FORT AVEC LES BASSES, LES DJ DE 1789 !
ÇA EXPLOSE SA MÈME !!
IL N'Y A PAS DE BASSES, NI DE DJ ! ON EST EN 1789... Y'A MÊME PAS ENCORE L'ÉLECTRICITÉ !
TU CROIS ?
BOOM
DIS DONC... C'ÉTAIT PAS AUSSI LA RÉVOLUTION, LE 14 JUILLET ??
HEU... ON VA DEMANDER !
PARDON MADAME... C'EST QUOI, COMME FÊTE ?...
C'EST LA PRISE DE LA BASTILLE, PETITE !
LA PRISE DE LA BASTILLE ! TU VOIS ! SI IL Y A UNE PRISE, C'EST QU'IL Y A DE L'ÉLECTRICITÉ !!
HEU...
ET À L'ÉPOQUE, ON POUVAIT MONTRER SES NÉNÉS DANS LES BOUMS !
À L'ASSAUT !
MORT AUX ENNEMIS DU PEUPLE !!
WÉÉÉ
C'EST LA CHENILLE QUI REDÉMARRE !
ÇA, ÇA N'A PAS CHANGÉ !
2

ILS ABUSENT AVEC LES FUMIGÈNES QUAND MÊME ...
OUI!... J'AI LA GORGE QUI PIQUE!
PARDON M'SIEUR... EST-CE QU'IL Y A UNE BUVETTE?
KOFF
OUARGHL!
MARVIN!!
LE... LE... MONSIEUR!...
QUOI? IL AVAIT AUSSI LA GORGE QUI PIQUE?
LIBÉREZ DÉLIVREZ
OH NON!...
PAS LA MUSIQUE DE LA REINE DES NEIGES!!
MARVIN! C'EST PAS DU TOUT UNE FÊTE! C'EST LA RÉVOLUTION!
TU CROIS?
REGARDE! ILS ONT PRIS LA BASTILLE POUR LIBÉRER LES PRISONNIERS!
EFFECTIVEMENT, ÇA A PAS L'AIR D'ÊTRE LES ROIS DU DANCE-FLOOR ...

ON A RÉCUPÉRÉ LEUR RÉSERVE DE POUDRE !
LA FÊTE VA POUVOIR COMMENCER !
AH ! TU VOIS...
...
DOOOM
OOUAAAiiSS !
TU PENSES LA MÊME CHOSE QUE MOI, ADÈLE ?
OUI ! LE 14 JUILLET À CLAPOUILLIS-LES-OIES, C'EST PAS SI NUL !...
ALLEZ, ON S'EN VA !
ATTENDEZ, ON A CAPTURÉ LE GOUVERNEUR DE LA PRISON ! ON VA LUI COUPER LA TÊTE, ÇA VA ÊTRE RIGOLO !
TIP TIP TIP
MOUI
MERCI... ÇA VA.
KRNUZZ
AAAH...
ENFIN UN PEU DE CIVILISATION !
C'EST LA DANSE DES CANARDS QUI, EN SORTANT DE LA MARE "
OUF...
4

LE 14 JUILLET 1789, AU PALAIS DU ROY...
LA CHASSE A ÉTÉ BONNE, MAJESTÉ ?
PFFEUH...
NOUS RENTRONS BREDOUILLE !
MAJESTÉ, JE DOIS VOUS INFORMER QUE ...
PLUS TARD !
JE DOIS ÉCRIRE MON JOURNAL !
POM POPOM ...
HUM...
HUM...
Journal du Roy
Rien
VOI... ...LÀ !
QUE JE T'AIN
QUE JE T'AIMEU
TU PENSES À LA MÊME CHOSE QUE MOI, MARVIN ?
BEN OUI...
FIN

À suivre...

Retrouvez les séries que vous avez lues dans ce Supertchô!
en albums chez votre libraire

BOULET & RENO

ARTS DÉCORATIFS DE STRASBOURG, 1999.
TU SAIS, LE TRUC QUI M'ÉNERVE AVEC LA S.F. C'EST QU'ON VOIT TOUJOURS DES HÉROS, DES SOLDATS VIRILS ET COOL ...
... MOI JE VOUDRAIS DE LA S.F. DE LOSER. GENRE " NOUS DANS LE FUTUR !"
AVEC DES GROS VAISSEAUX ?
GENRE DES BIDASSES DE L'ESPACE, OK ! MAIS OÙ FONT-ILS LES COURSES ? EST-CE QU'IL Y A DES KEBABS EXTRATERRESTRES ? QUEL SPORT FONT-ILS ?
Kebab
ET DES GROS TANKS ?
MODE 3000
EPICERIE ALTAÏRIENNE
À QUOI RESSEMBLERAIENT LEURS FRINGUES ? LEURS VILLES ? Y AURAIT-IL D'AUTRES ESPÈCES SUR TERRE ?
ET DES ALIENS SEXY ?
JE VOUDRAIS UN MONDE CRÉDIBLE OÙ ON NE SERAIT PAS DES HÉROS QUI SAUVENT L'UNIVERS, MAIS DE SIMPLES PÉQUENAUDS UN PEU PAUMÉS.
MOI, JE SERAI LIEUTENANT !!
AVEC UN GROS GUN !!
ALLEZ, TROUFION !! ON SCÉNARISE ! ET PLUS VITE QUE ÇA !!
CHEF, OUI, CHEF !!
"WOMOKS" ÉTAIT NÉ !

LES BIOSCANS SONT FORMELS: IL EST VIVANT !
IL A DÛ RÉUSSIR À POSER SON MODULE ICI !
LIEUTENANT SURCOUF AU RAPPORT : PRÉVENEZ L'ÉTAT-MAJOR, NOUS AVONS RETROUVÉ LE LIEUTENANT PARSEC !
FENEK, POSEZ-NOUS SUR CE CAILLOU !
AYE AYE SIR !
LIEUTENANT... C'EST VRAI ? APRÈS TOUT CE TEMPS ?
OUI, MISS ! ON LANCE LES MANOEUVRES DE SECOURS !
MAIS ATTENDEZ-VOUS À LE TROUVER CHANGÉ...
ÇA FAISAIT DIX ANS QU'ON NE L'AVAIT PAS VU ! DIX ANS NAUFRAGÉ, LOIN DE TOUT !
?
...

DÉLIMITEZ UN PÉRIMÈTRE DE SÉCURITÉ !
TOUS LES BLASTERS EN MODE "CONCASSER ET MOUDRE" !
HUMMM... CONCASSER ET MOUDRE...
C'EST QUOI DÉJÀ ? ALT-C ALT-M ??
ÇA NE SERA PAS NÉCESSAIRE, SERGENT.
?
HAHA OUI, LES AMIS !
LIEUTENAANT !
ÇA ME FAIT PLAISIR DE VOUS VOIR !
DIX ANS ICI TOUT SEUL ? COMMENT AVEZ-VOUS FAIT POUR NE PAS DEVENIR FOU ?
OH, JE N'ÉTAIS PAS "TOUT SEUL"...
JE ME SUIS ÉCRASÉ QUAND JE CHERCHAIS UN NOUVEL HABITAT POUR LES ALBONITES
ET CETTE PLANÈTE EST HABITÉE PAR UNE RACE PRESQUE AUSSI PACIFISTE QU'EUX : LES WAWACHES.
LA VIE EST PLUTÔT COOL, ICI ! NOURRITURE SAINE EN ABONDANCE, CLIMAT DOUX, PEUPLE SYMPA...
LOU WAWACHOU
J'AI TROUVÉ UNE COMPAGNE, FABRIQUÉ MA PETITE MAISON... ON ÉLÈVE DES ANIMAUX.
HELLO !

ICI, LA VIE CULTURELLE EST TRÈS RICHE, ON RIT BEAUCOUP...
L'AMOUR EST LIBRE, IL N'Y A PAS D'ARGENT, ON PARTAGE ÉQUITABLEMENT LES RESSOURCES...
ON CUEILLE, ON PÊCHE... PARFOIS ON VA AFFRONTER LES PRÉDATEURS GÉANTS DE LA MONTAGNE... ÇA VOUS PLAIRAIT, SERGENT : ILS FONT JUSQU'À 12 MÈTRES !
PRÉDATEURS GÉANTS ?
CHA KLUNK
MAIS VENEZ ! C'EST L'HEURE DU FESTIN DU SOIR !
VOUS... VOUS RÉALISEZ QUE JE DOIS VOUS RAMENER, HEIN ? VOUS ÊTES TOUJOURS SOUS CONTRAT DE L'ARMÉE !
ET VOUS RÉALISEZ, SERGENT, QUE ÇA N'ARRIVERA PAS ?
JE SUIS LIEUTENANT, MAINTENANT... JE NE PEUX PAS FERMER LES YEUX SUR UNE DÉSERTION !
VOUS FAITES CE QUE VOUS AVEZ À FAIRE, LIEUTENANT.

LIEUTENANT SURCOUF À L'ÉTAT-MAJOR...
NOUS AVONS DE MAUVAISES NOUVELLES.
LE SIGNAL ÉTAIT UN FAUX POSITIF. IL N'Y A RIEN, ICI.
JUSTE DES TRIBUS PRIMITIVES HOSTILES.
ICI MAJOR CALLAHAN... DÉSOLÉ POUR LE FAUX ESPOIR, LIEUTENANT... RENTREZ AU BERCAIL !
KSHH... VOUS ENTENDS MAL... ...KRSHH BEAUCOUP D'INTERFÉRENCES.
LIEUTENANT, TOUT VA BIEN ? LA COMMUNICATION EST MAUVAISE !
JE DISAIS : LA ZONE EST DANGEREUSE ! IL Y A BEAUCOUP DE DÉBRIS SPACIAUX, NOUS SOMMES EN DIFFICULTÉ !
LIEUTENANT, VOUS ÊTES TROP PROCHE DES ANNEAUX, ÉLOIGNEZ-VOUS VITE AVANT QUE...

XK.I.A
...
MADEMOISELLE JUDICAËLLE, VEUILLEZ NOTER QUE LE WOMOKS 7 A ÉTÉ PERDU CORPS ET BIENS DANS LE SECTEUR 8.
ET PRÉVENEZ LES FAMILLES.
OH... NON...
JE SUIS DÉSOLÉ, LES AMIS.
VOUS ÊTES TOUS MORTS.
C'EST BALLOT.
FIN-
(OU PAS.)
BOULET + RENO- 2018

Avec mon Jacque

Bonjour !

Je m'appelle Mamette. Enfin mon vrai nom c'est Marinette, mais depuis que je suis grand-mère, tout le monde m'appelle Mamette. J'habite une jolie petite maison en ville, seule depuis la mort de mon mari Jacques, il y a déjà plusieurs années. Mais pas le temps pour la mélancolie ! Entre les après-midi à jouer aux cartes au club des seniors, les derniers potins des copines et les petits tracas de mon grand dadais de fils, ma petite vie est bien remplie !

Au boulot !

Bien sûr, à mon âge, je dois faire attention à ma santé, surtout à ma ligne. Faut dire que j'ai un petit faible pour les sucreries. Ce n'est pas ma faute si j'adore cuisiner ! Je suis une gourmande de la vie, même à 80 ans passés, je ne m'ennuie jamais. On raconte que j'ai oublié de grandir ... Mais j'ai toujours eu un sacré caractère, depuis toute petite !

Ils étaient beaux, mes parents !

Quand j'étais enfant, c'était une autre époque, il n'y avait ni téléphone transportable ni internette. À l'école, on rédigeait la leçon de morale à la plume trempée dans l'encrier ! Une période de ma vie un peu compliquée, où mes parents, qui ne s'entendaient plus, m'ont laissée à la ferme de mes grands-parents, en pleine campagne, moi qui avais grandi en ville ! Mes grands-parents étaient gentils, mais il y avait la tante Suzon, avec qui c'était pas tous les jours la fête... J'ai quand même vécu de beaux moments, c'est là-bas que j'ai rencontré Jacques ! J'ai déjà raconté une bonne partie de ces souvenirs (certains ont même été racontés en dessin animé). Voici la suite.

Avec Jacques sur la luge !

Retour au printemps 1936 !

C'est qui qui fait n'importe quoi sur la photo ?

Ma classe d'école

ENFIN ! ÇA FAIT DES HEURES QUE JE T'ATTENDS !
QU'EST-CE QUE TU AS ENCORE FABRIQUÉ ?
ENCORE À CONTER FLEURETTE AUX GARÇONS, JE PARIE ?
TOUJOURS CE JACQUES ?
MAIS, JE...
HI HI HI !
CE N'EST PAS L'AMOUR QUI REMPLIT LE VENTRE, MALHEUREUSE !
ALORS DÉPÊCHE-TOI D'ALLER TRAIRE LES CHÈVRES AVANT QUE JE M'ÉNERVE !
ÇA TE FAIT RIRE, TOI ?
TU FERAIS MIEUX D'ÉPLUCHER LES PATATES, SINON ON N'AURA QUE DE L'EAU BOUILLIE POUR LE DÎNER !
GRMBL...
PFIOUUU ! ELLE S'ARRANGE PAS, TATAN SUZON, AVEC L'ÂGE !
BÊÊÊÊ !

LA TRAITE EST FAITE !
JE ME SUIS AUSSI OCCUPÉE DES POULES, ET J'AI POMPÉ L'EAU POUR CE SOIR.
BEN QUOI ?
COMME TU ES GRANDE, DÉJÀ...
TU TRAVAILLES BIEN À L'ÉCOLE, ON PEUT COMPTER SUR TOI À LA FERME...
ELLE EST LOIN, LA PETITE GODICHE QUI A DEBARQUÉ ICI L'ÉTÉ DERNIER !
MA PAUVRE PETITE...
...ET MOI QUI PASSE MON TEMPS À TE CRIER DESSUS.
JE SUIS UNE MÉCHANTE TANTE, BOUHOOUUU !
NON MAIS ÇA VA, HEIN !
ON S'HABITUE, AVEC LE TEMPS.

SNIF, SNIF !
POUAH ! TU PUES LE BOUC !
BEN... J'AI TRAIT LES CHÈVRES !
BEUUH ...
EH BIEN, SUZON ? T'ES AUSSI VERTE QUE MES CHOUX-FLEURS !
MFFBLEEW !
ELLE EST BIZARRE, TATAN SUZON...
COMMENT ÇA ?
QUEL EST LE FICHU GORET QUI A MIS DE LA BOUE PARTOUT ?
TU VOIS, ELLE EST EN PLEINE FORME !
ET LÀ ! LÀÀÀ !

♫ À LA CLAIRE FONTAINE ♫
M'EN ALLANT PROMENER ♫
♫ J'AI TROUVÉ L'EAU SI BELLE ♫
♫ QUE JE M'Y SUIS BAIGNÉE ♫
TU FAIS UNE DRÔLE DE TÊTE.
ÇA NE TE PLAÎT PAS ?
SI, MAIS... TU ME CHANTES JAMAIS DE BERCEUSE D'HABITUDE ...
TU... TU VAS BIEN ?
MMH ...
TU SAIS, QUAND TU ES RESTÉE INCONSCIENTE, APRÈS ÊTRE TOMBÉE DANS LE LAC GELÉ ...
...TU AVAIS TELLEMENT DE FIÈVRE !
CHAQUE SOIR, JE CHANTAIS POUR T'APAISER.

MAMAN AUSSI ME CHANTAIT "LA CLAIRE FONTAINE" QUAND J'ÉTAIS PETITE.
ELLE ME MANQUE.
PAPA AUSSI ME MANQUE.
MMH...
PERSONNE NE VEUT ME DIRE POURQUOI IL EST PARTI SI VITE !
PERSONNE NE DIT RIEN PARCE QUE PERSONNE NE SAIT RIEN !
IL EST PARTI, ET VOILÀ !
OH, ET PUIS TU ME FATIGUES, AVEC TES PARENTS !
ILS N'EN ONT RIEN À FICHE DE TOI, ALORS OUBLIE-LES UNE FOIS POUR TOUTES !

NOB

SPRTTT !
GNAGNA GNA...
TU CROIS QUE MOI, J'EN AI QUELQUE CHOSE À FICHE DE TOI ?
LE JOUR OÙ JE PARTIRAI D'ICI, TU SERAS LA PREMIÈRE QUE J'OUBLIERAI.
MARINETTE, À QUI TU PARLES ?
HEU ...
JE... JE TE SOUHAITAIS JUSTE BONNE NUIT !
C'EST ÇA.
MAINTENANT, TU TE TAIS !
PFFF !
ET TU ARRÊTES DE SOUFFLER !
NON, MAIS C'EST...
SILENCE !

À suivre...

Comment est né « Bonbon Super » ?

*J'ai proposé le concept de deux filles qui se transforment à l'aide de bonbons pour combattre les méchants à mon ami Julien Neel ! L'idée l'a très vite séduit et on a beaucoup discuté ensuite autour de « **Bonbon Super** » ! Julien et moi avons créé plein de petites situations dans lesquelles nous avons mis en scène nos deux héroïnes afin de nous assurer de la solidité de l'univers, et ça démarre bien !*

Avais-tu des *magical girls* en tête quand tu as créé les personnages ?

*Difficile de ne pas penser à « **Sailor Moon** » ! Ou encore à « **Gigi** » !*

Quel lien as-tu avec Tchô!, étais-tu un lecteur du magazine ?

*Oui, et plus jeune, avec mes amis, nous rêvions déjà de faire des strips pour **Tchô!**, les histoires publiées nous inspiraient ! J'ai toujours voulu faire partie du magazine, mon langage à moi était plus proche du manga, en décalage avec le contenu puisque le style graphique du magazine était plus classique.*

Avant « Bonbon Super », qu'as-tu publié ?

*Deux séries chez Ankama, dans l'univers de « **Wakfu** » (4 tomes), et une série plus personnelle, « **Shochu on the rocks** ». Il faut avoir une grande force mentale pour produire du manga en France, mais c'est une expérience unique !*

JULIEN **NEEL** & SAÏD **SASSINE**

L'HISTOIRE...

Deux sœurs rentrent en symbiose avec le cristal de sucre et matérialisent **glucose**, **chewing-gum**, **caramel** et **guimauve** pour créer des armures, des ailes ou des armes.

Qui sont ces créatures ?

D'où viennent-elles ?

Dans cette mégalopole à l'ambiance méditerranéenne, **le jour**, elles vivent une vie normale d'adolescentes de leur âge, sous la houlette de leur père qui tient un magasin de bonbons. **La nuit**, elles se transforment en super héroïnes et luttent contre toutes sortes de malfrats ...

L'esprit Tchô! c'est quoi ?

- Un journal qui s'invente au fur et à mesure, joueur et ouvert d'esprit -

AUDE PICAULT

MADEMOISELLE CRYSTAL…
JE NE VOUS AI PAS MIS UN ZÉRO À CAUSE DES PETITS DESSINS DANS LES MARGES…
AURIEZ-VOUS UNE EXPLICATION À NOUS FOURNIR ?
MAIS MADAME, C'EST À CAUSE DE MES ACTIVITÉS EXTRASCOLAIRES, VOUS SAVEZ J'AI PAS EU LE TEMPS DE RÉVISER ET…
ÉTRANGE… IL ME SEMBLE QUE VOTRE PETITE SŒUR PARTAGE LES MÊMES ACTIVITÉS ET POURTANT ELLE M'A REMIS UNE EXCELLENTE COPIE COMME D'HABITUDE !
FÉLICITATIONS, MAHA !
YEAH !
C'EST JUSTE UNE QUESTION D'OR-GA-NI-SA-TION !
ET DE VOLONTÉ !
JE T'AIDERAI SI TU VEUX !
BRAVE PETITE !
HEY MAIS ON T'A PAS SONNÉE TOI, SALE TRAÎTRE !
MESDEMOISELLES, JE VOUS EN PRIE !
JE DIS ÇA POUR TON BIEN D'ABORD !
BASTON ! BASTON !
BOOOM !
MAIS ? QUE ?
QU'EST-CE QUI S'EST PASSÉ ?
MOUHAHAHA !

JE VOUS RETROUVE ENFIN, MAUDITES GAMINES !
DÉSINTÉGRATOR !
QU'EST-CE QUE TU FAIS ICI ?
VOUS CONNAISSEZ CE MONSIEUR, LES FILLES ?
OUAIS : C'EST UN GROS RELOU QUI ESSAIE TOUT LE TEMPS DE DÉTRUIRE L'UNIVERS...
MAIS IL EST FRANCHEMENT PAS DOUÉ !
LA DERNIÈRE FOIS QU'ON L'A CROISÉ ON LUI A MIS UNE SACRÉE RACLÉE, TU TE SOUVIENS ?
HA HA ! OUIII, IL PLEURAIT COMME UN BÉBÉ !
MÊME PAS VRAI !
J'VOUS JURE, M'DAME :
C'EST PARCE QUE JE FAIS DES ALLERGIES AU POLLEN, ÇA ME FAIS PLEURER.
ET MOI JE SUIS SUPER SENSIBLE...
C'EST POUR ÇA QUE JE VEUX TOUT LE TEMPS ME VENGER ET LEUR ARRACHER LA COLONNE VERTÉBRALE, ET LEUR CREVER LES YEUX ET ME FAIRE UN MILKSHAKE AVEC LEURS ENTRAILLES ET...
OUI OUI, C'EST BON, J'AI SAISI LE CONCEPT...
VOUS VOYEZ BIEN QU'IL EST RELOU...
ÉCOUTEZ-MOI BIEN, MONSIEUR DÉSINTÉGRATOR : JE SUIS PROFESSEUR D'HISTOIRE-GÉO, DONC JE COMPRENDS TRÈS BIEN VOTRE SENTIMENT DE COLÈRE ET DE FRUSTRATION.
MAIS CE N'EST PAS UNE RAISON POUR INTERROMPRE MON COURS...
ALORS ON PEUT LUI CASSER LA FIGURE, MADAME ?
ALLEZ-Y, LES FILLES.
YES !
C'EST PAS TROP TÔT !

HEY MAIS C'EST PAS JUSTE, ON N'EST PAS TRANSFORMÉES !
BASTON ! BASTON !
CETTE FOIS-CI, VOUS NE M'ÉCHAPPEREZ PAS !
TU AS PRIS LE SAC ?
JE CROYAIS QUE C'ÉTAIT TOI QUI L'AVAIS !
ON AVAIT DIT QUE LE JEUDI C'ÉTAIT TOI !
RHAAA ! J'AI COMPLÈTEMENT OUBLIÉ : ON DOIT ALLER AU DISTRIBUTEUR DE LA CAFET !
CETTE FOIS-CI, VOUS NE M'ÉCHAPPEREZ PAS !
TU VIENS DE LE DIRE, CRÉTIN !
AH OUI, MINCE.
CETTE FOIS-CI, VOUS NE...
...
JE VAIS VOUS...
HEU...
VOUS ATTRAPER ET...
PFFF... JE SUIS NUL EN PUNCHLINE...
HEY ?
BAH ELLES SONT OÙ ?
EXCUSEZ-MOI, VOUS N'AURIEZ PAS VU DEUX FILLES PASSER PAR LÀ ?
Y A DEUX SECONDES ?
OUPS ! DES GOTHIQUES !
ILS ME FONT TROP FLIPPER
MONSIEUR DÉSINTÉGRATOR ?
J'AI UN MESSAGE POUR VOUS :
ELLES VOUS ATTENDENT À LA CAFET, ELLES M'ONT DIT.
À LA CAFET ?
MOUHAHAHA !
CETTE FOIS-CI, VOUS NE M'ÉCHAPPEREZ PAS !
FLÛTE, J'AI ENCORE DIT PAREIL.

HA ! TE VOILÀ ENFIN !
REGARDE CE QU'ON A TROUVÉ !
DES... DES BARRES CHOCOLATÉES, DES PAQUETS DE BONBONS, DES SUCETTES...
... TOUTES CES CHOSES QUE L'ON DOIT NORMALEMENT CONSOMMER AVEC MODÉRATION...
... MAIS QUI NOUS PERMETTENT D'ACTIVER NOS POUVOIRS !
SUGAR RUSH !!!
JE...
FINI LES DISCOURS !
AU DODO, L'AFFREUX !
LA... LA PROCHAINE FOIS VOUS... VOUS NE M'ÉCHAPPEREZ PAS !
HU HU ! EN TOUT CAS ON A ÉCHAPPÉ AU COURS DE GÉO !
... PAS FORCÉMENT, MADEMOISELLE CRYSTAL : SI VOUS VOUS DÉPÊCHEZ UN PETIT PEU POUR RECONSTRUIRE LA SALLE DE CLASSE, ÇA NOUS LAISSE 20 MINUTES POUR UNE INTERRO SURPRISE.
COOL !
WHA NON, M'DAME.
COMME C'EST ABUSÉ...
EH OUI, LES AMIS !
UN SUPER-HÉROS ADOLESCENT DOIT SAVOIR JONGLER ENTRE LA LUTTE CONTRE LE CRIME, LE TRAVAIL SCOLAIRE ET... HI HI... LA VIE AMOUREUSE !
FIN
DE QUOI ELLE PARLE ?
JE LA DÉTESTE.

inédit!

La chienne Shepsi

véritable héroïne

par Jean-David Morvan & Séverine Tréfouël

« En septembre 1939, la Seconde Guerre mondiale commence. L'Allemagne nazie envahit la Pologne et sa capitale, Varsovie. Comme les nazis détestent les Juifs, ils regroupent toutes les familles de cette confession dans un seul quartier muré, appelé le Ghetto de Varsovie. Sans nourriture ni chauffage, les conditions de vie deviennent rapidement insupportables pour ceux qui y sont enfermés. C'est au cours de cette terrible période qu'Irena et Antoni, qui travaillent au service d'aide sociale, entreprennent de faire s'évader un maximum d'enfants de l'enfer du ghetto. Pour sauver leurs vies, ils risquent la leur. »

Shepsi, la chienne qui accompagne *Irena* dans l'histoire que vous allez lire, a vraiment existé. C'était une grande chienne bâtarde qui appartenait initialement à *Antoni*, l'ambulancier qui travaillait souvent avec Irena dans ses interventions dans le ghetto.

La première fois qu'elle a rencontré Irena, elle l'a reniflée des pieds à la tête. *Shepsi* avait la particularité d'être très intelligente. Lorsqu'*Irena* commença à faire sortir des bébés en les cachant dans l'ambulance et si l'un d'eux se mettait à pleurer, *Antoni* donnait une petite tape sur la patte de la chienne, qui aboyait aussitôt, assez fort pour qu'il soit impossible aux soldats allemands de percevoir les pleurs des enfants cachés. Une fois l'ambulance en sécurité hors du ghetto, il suffisait d'appuyer deux fois sur sa patte pour que la chienne se taise.

Irena Sendlerowa
par

11 ans

L'esprit Tchô! c'est quoi ?

- Faire de la BD adulte pour la jeunesse et de la BD jeunesse pour les adultes, même si ça ne VEUT RIEN DIRE, il me semble que c'est plus ou moins ça... -

JULIEN NEEL

TU ES DÉJÀ VENUE ICI, IRENA?
VARSOVIE, AVRIL 1944.
OUI, ANTONI, MAIS IL Y A TRÈS LONGTEMPS...
...DANS UNE AUTRE VIE.
TU VAS VOIR, MA CHÉRIE...
ZOO
C'EST UN ENDROIT MERVEILLEUX.
LE ZOO A ÉTÉ BOMBARDÉ PLUSIEURS FOIS EN SEPTEMBRE 1939. KASIA, LA CÉLÈBRE ÉLÉPHANTE, A ÉTÉ TUÉE PAR UN OBUS, AVEC DES GIRAFES, DES ANTILOPES, DES SINGES...

CE ZOO EST UNE FIERTÉ POUR NOTRE PAYS, TU SAIS, C'EST LE PLUS VISITÉ DE TOUTE L'EUROPE.
DES TAS D'ANIMAUX ONT FUI, CERTAINS ONT ERRÉ DANS LES RUES DE LA VILLE PENDANT DES JOURS.
ON Y TROUVE DES ANIMAUX DU MONDE ENTIER, REGARDE.
LES SURVIVANTS DES ESPÈCES LES PLUS RARES ONT ÉTÉ TRANSFÉRÉS À LA RÉSERVE DE SCHORFEIDE, EN ALLEMAGNE.
IL Y EN A PLUS DE 4000, D'À PEU PRÈS 500 ESPÈCES.
TOUS LES AUTRES ONT ÉTÉ TUÉS PAR LES NAZIS, QUI S'EN SONT DONNÉ À COEUR JOIE LORS DE CETTE CHASSE GÉANTE.

ALLEZ, CETTE FOIS ON VA ESSAYER SUR UNE PLUS LONGUE DISTANCE QU'À LA MAISON.
'ACCORD, PA.
...
OH !
PAS BOUGE, PA.
JE... JE REMARCHE.
C'EST BIEN, MA GRANDE FILLE, TU ES TRÈS COURAGEUSE !
JE SUIS FIER DE TOI !
DEPUIS, LE ZOO A ÉTÉ FERMÉ, MAIS JAN ET ANTONINA ZABINSKI CACHENT DE NOMBREUSES PERSONNES DANS LEUR VILLA, SES CAVES ET LES NOMBREUX RECOINS DU ZOO.
CE SONT DES GENS REMARQUABLES. JE SUIS CONTENTE D'AVOIR ENFIN LA CHANCE DE LES RENCONTRER.

MADAME SENDLEROWA, C'EST UN HONNEUR DE VOUS RENCONTRER !
...
ON M'A BEAUCOUP PARLÉ DE VOUS. VOUS ÊTES EXTRA-ORDINAIRE !
JE...
JE N'AI PAS VOTRE COURAGE. VOUS VIVEZ EN PERMANENCE AVEC 300 RÉFUGIÉS, C'EST UN RISQUE ÉNORME.
TELLEMENT MOINDRE QUE D'AVOIR OEUVRÉ DANS LE GHETTO, IRENA.
BAH, NOUS NE FAISONS TOUS QUE CE QUE NOUS DICTE NOTRE CONSCIENCE.
EXCUSEZ-MOI, MESSIEURS DAMES...
VOUS AUREZ TOUT LE TEMPS DE VOUS CONGRATULER QUAND CETTE DAMNÉE GUERRE SERA TERMINÉE...
SNIF SNUF ?
POUR L'HEURE, IL Y A DES SACS DE VIVRES À DÉCHARGER !
EN EFFET...
LES ÉCUREUILS, VENEZ NOUS AIDER, S'IL VOUS PLAÎT !

NOUS VOILÀ !
NOUS ALLONS STOCKER TOUT ÇA DANS LA CAVE.
C'EST... C'EST VOTRE VRAI NOM DE FAMILLE ?
HAHA, BIEN SÛR QUE NON !
MAIS COMME NOUS DEVONS SOUVENT SORTIR DU ZOO POUR GUIDER D'AUTRES FUGITIFS, ANTONINA A EU L'IDÉE DE NOUS TEINDRE EN ROUX, POUR QUE NOUS NE FASSIONS PAS JUIFS.
D'AILLEURS ICI, TOUTES LES FAMILLES ONT DES NOMS DE CODES D'ANIMAUX.
ON NE SE REFAIT PAS...
ALORS, LAISSEZ-MOI DEVINER !
VOUS, VOUS ÊTES LES PANDAS.
ET VOUS, LES KANGOUROUS.
ICI, LES CASTORS.
LÀ, LES ROSSIGNOLS.
ET ICI, LES MARMOTTES !

NOUS ALLONS ENTREPOSER LES SACS ICI.
ANTONINA, JE VOUS AVOUE QUE JE PENSAIS QUE VOUS AURIEZ DES VIVRES POUR LONGTEMPS... MAIS JE N'IMAGINAIS PAS QUE VOUS ABRITIEZ AUTANT DE GENS.
PARFOIS, NOUS RÉUSSISSONS À FAIRE QUITTER LE PAYS À CERTAINS.
MAIS CE N'EST PAS À VOUS QUE JE VAIS EXPLIQUER LA DIFFICULTÉ DES CHOSES.
TOUT À FAIT, ET SURTOUT POUR ALLER OÙ ?
TOUTE L'EUROPE EST SOUS LA BOTTE DU FÜHRER.
ÇA N'AURA QU'UN TEMPS. VOUS LE SAVEZ COMME MOI, IRENA.
À DÉFAUT D'EN ÊTRE SÛRE, J'ESSAYE DE NE PAS PERDRE ESPOIR.
WOUAF WOUAF !
MAIS JE DOIS AVOUER QUE CE N'EST PAS TOUJOURS SIMP...
WOUAF WOUAF !
SHEPSI !
WOUAF WOUAF !
ELLE A PEUR DU NOIR ?
WOUAF WOUAF !
NON, QUAND ELLE EST DANS CET ÉTAT-LÀ, C'EST QU'IL Y A DES NAZIS DANS LES PARAGES !

NE PRENONS PAS DE RISQUE. REJOIGNEZ VITE VOTRE CAMION!
J'ESPÈRE QUE NOUS AURONS PLUS DE TEMPS POUR NOUS PARLER LA PROCHAINE FOIS, IRENA.
JE VOUS RACCOMPAGNE.
QUANT À VOUS, FILEZ VITE VOUS CACHER DANS LES CAGES DU ZOO!
COMME D'HABI-TUDE.
"LA BELLE HÉLÈNE" D'OFFENBACH.

C'EST SA MANIÈRE DE PRÉVENIR TOUT LE MONDE QU'IL EST TEMPS DE SE CACHER.
FONCE, ANTONI !
ON DOIT UNE FIÈRE CHANDELLE À SHEPSI !
QU'EST-CE QU'ON FERAIT SANS TOI ?
OUF !

À suivre...

DANS LA ZONE INTERDITE

Parmi les thèmes récurrents de la littérature, du cinéma et du jeu vidéo, certains semblent totalement faits pour transporter l'imagination vers ses plus extrêmes limites. Un bon exemple : le thème de la Zone Interdite.

QU'EST-CE QU'UNE ZONE INTERDITE ?
C'est un endroit inaccessible en temps normal et qui peut attirer de gros ennuis à quiconque oserait tout de même s'y aventurer. Ce genre de lieu obéit à des règles bien spécifiques, qui tranchent avec le reste du monde. Même les lois de la physique peuvent y être altérées. Bien que proche de nous, rien ne pourrait être plus éloigné de tout ce qu'on connaît que la **Zone Interdite**. C'est le lieu de l'étrange et de l'inconnu par excellence. Totalement paradoxal, il attire le voyageur intrépide autant qu'il le repousse. Sa frontière est souvent un point de non-retour et marque le début d'un éprouvant voyage qui promet de transformer à jamais celui ou celle qui entreprend de la franchir. Au-delà de cette limite, tout est possible, surtout l'impossible !

DANS LA RÉALITÉ, ÇA DONNE : la **Zone 51**, une base militaire américaine supposée abriter des épaves d'ovni, ou encore la « Zone » autour de Tchernobyl, en Ukraine, contaminée par la radioactivité après l'explosion d'une centrale nucléaire en 1986. Mais on pourrait aussi citer en exemple toutes les terres encore inconnues ou inexplorées : l'Amazonie, les abysses, les grands déserts, l'Antarctique...
Dans les zones interdites, le réel et l'imaginaire se rencontrent. De nombreuses légendes urbaines cherchent à combler notre ignorance de ces endroits avec des fantasmes et du mystère. Ainsi l'Antarctique et l'Amazonie ont donné lieu à de multiples et terrifiants récits d'exploration ou de découverte (comme dans le film *The Thing* ou la série *The Terror*) et de cités secrètes (comme l'Eldorado ou la Cité perdue de Z). L'espace et ses trous noirs sont aussi une mine de zones interdites (comme dans les films ***2001 odyssée de l'espace*** ou ***Interstellar***) !

DANS LA FICTION, LES EXEMPLES SONT INNOMBRABLES, et on y reconnaît des points communs : dans la **zone interdite**, la réalité est mise de côté, et on la voit comme de l'extérieur. C'est la distorsion qui est la nouvelle règle. Le haut n'est plus en haut, et les valeurs aussi sont déformées. La **zone interdite** est circonscrite par sa frontière, le passage entre notre monde et le monde de l'inconnu, et par un (épi)centre qui est l'objectif ultime de l'exploration. Quand on arrive à ce stade, on est au bout de la différence, à tel point qu'on ne peut souvent plus rien comparer avec le monde normal. C'est tellement autre chose qu'on ne peut plus le définir avec des mots ou des concepts connus. Le cœur, le fond de la **zone interdite** n'est bien souvent pas l'endroit des réponses aux questions mais plutôt le lieu du choix pour le voyageur.

LE BUT DU VOYAGE DANS LA ZONE INTERDITE n'est pas d'éclairer nos lanternes, mais de faire l'expérience interdite, d'aller à la limite de sa raison. Le lecteur/spectateur/joueur est laissé seul juge de ce qu'il a expérimenté avec le personnage voyageur. Dans la zone, vos questions restent en suspens, et le but n'est pas d'y répondre mais plutôt de voir comment réagir à la déstabilisation de tous ses repères et à l'absence de conclusion. Et si réponse il y a : elle est incommunicable. C'est donc une expérience personnelle et intime. On trouve rarement dans la zone ce qu'on était venu y chercher. On s'y retrouve souvent face à ce qu'on y a emmené. Et face à un choix ou une mise à l'épreuve : pouvez-vous accepter qu'il existe des choses qui vous échapperont toujours, quels que soient vos efforts pour les comprendre ? Comment allez-vous réagir en leur présence ? Et après ?

Alors, vous êtes prêts pour le voyage ultime ?

Textes, JEAN-LUC **DEGLIN** & illustration, JULIEN **NEEL**

LA ZONE X

Jeff VanderMeer - ***Annihilation***
(***Trilogie du Rempart Sud**, T1*)
2014 - Livre de Poche

Récemment adapté en film par Alex Garland, ***Annihilation*** raconte l'exploration par une équipe de scientifiques d'une zone géographique aux propriétés étranges : la **Zone X**, qui provoque hallucinations, mutations génétiques chaotiques, rencontres avec des formes de vie extraterrestres… L'épicentre de la **Zone X** est un phare, lieu du crash d'un mystérieux aérolite venu de l'espace.

LA ZONE

Boris & Arkadi Strougatski - ***Stalker***
(***Pique-nique au bord du chemin***)
1972 - Folio SF

Adapté en un très célèbre film par Andreï Tarkovski en 1979, et en jeu vidéo en 2007, ce livre a grandement inspiré ***Annihilation***. Il met en scène des pilleurs (les stalkers) qui s'aventurent dans la **Zone**, un endroit très dangereux et interdit depuis que des extraterrestres que personne n'a vus s'y sont furtivement arrêtés. Les stalkers risquent leur vie à la recherche des traces du passage des extraterrestres : des objets aux propriétés physiques anormales qui se revendent à prix d'or. Le plus recherché est une légendaire sphère d'or censée exaucer le souhait de celui qui la trouve.

LE SCHWARZWELT

ATLUS
Shin Megami Tensei - Strange Journey (Redux)
2009 (2018) - NDS (3DS)

Dans le jeu vidéo créé par le studio japonais Atlus, le ***Schwarzwelt*** (Monde Noir, en allemand) est une zone géographique de l'Antarctique entièrement noire, qui en six mois a enflé d'un mètre à plusieurs centaines de kilomètres de diamètre et menace d'envahir totalement la Terre. Cette zone est peuplée de démons, matérialisation des peurs et des fautes de l'humanité. Une équipe internationale de scientifiques et de militaires est envoyée à l'intérieur, protégée de cet environnement hostile par une tenue spéciale appelée Demonica.

L'HADÈS ET LE TARTARE

Homère - ***Iliade***
VIIIe siècle avant J.-C. - Folio Classiques
Hésiode - ***Théogonie***
VIIIe siècle avant J.-C. - Folio Classiques

L'Hadès est le royaume souterrain du dieu Hadès, les Enfers dans la mythologie grecque. Un monde des morts terrifiant interdit aux vivants. Quiconque s'y aventure (comme le poète Orphée venu y chercher sa défunte épouse Eurydice) doit obéir aux règles étranges du roi des lieux, faute de quoi il devra payer le prix fort.

Le Tartare est le lieu le plus profond des Enfers, la zone interdite dans la zone interdite, une région terriblement hostile qui abrite la prison enfermant les dieux déchus et les pires criminels, ainsi que le palais du dieu Hadès.

Pour les plus intrépides, quelques autres exemples de **zones interdites** à explorer au mépris du danger (et avant leur adaptation par Netflix) :

William **SHAKESPEARE** > *La Tempête* (1610) | Edgar Allan **POE** > *Les aventures d'Arthur Gordon Pym* (1838)
Lewis **CARROLL** > *De l'autre côté du miroir* (1871) | Joseph **CONRAD** > *Au cœur des ténèbres* (1899)
Octave **MIRBEAU** > *Le Jardin des Supplices* (1899) | Alfred **KUBIN** > *L'Autre Côté* (1909)
Sir Arthur **CONAN DOYLE** > *Le Monde Perdu* (1912) | Raymond **ROUSSEL** > *Locus Solus* (1914)
Adolfo **BIOY CASARES** > *L'invention de Morel* (1940) | Samuel **R. DELANY** > *Dhalgren* (1975)

LYLIAN, PAUL DROUIN & LORIEN

BONG!
CROA! CROAAA!
HAHAHAA!!!
BILLETTERIE
TRAIN FANTOME
GLACES
J'AI BIEN BESOIN D'UN PETIT REMONTANT. QUE DIRAIS-TU D'UNE GLACE ?
BONNE IDÉE.
ET VOILÀ, MADEMOISELLE. DOUBLE VANILLE BARDÉE DE BONBONS COLORÉS !
MIAM !
DIS, AMANDINE, NOUS AVONS ENCORE UN PEU DE TEMPS. ON SE FAIT UNE PARTIE DE STARSLASHER II AVANT DE RENTRER ?
MOUI... JE VAIS ENCORE T'ÉCRABOUILLER, LÉO.
ARCADE

C'EST CE QU'ON VERRA ! JE ME SUIS ENTRAÎNÉ DEPUIS LA DERNIÈRE... HÉ !
BOMP!
DÉGAGE DE MON CHEMIN, MINUS !
REGARDEZ-MOI CE DÉGÉNÉRÉ, LES GARS ! MÊME PAS CAPABLE DE TENIR DEBOUT !
C'EST PAS COMME ÇA QU'IL VA POUVOIR DÉFENDRE SA PRINCESSE, LE P'TIT MORVEUX.
HA! HA! HA!!!
REGARDEZ CE QUE VOUS AVEZ FAIT !
VOUS ÊTES VRAIMENT DES GROS...
DES GROS QUOI... MINABLE ?! VOUS ENTENDEZ ÇA LES FRÉROTS, CE MOUSTIQUE NE REGARDE PAS OÙ IL MARCHE, ME RENTRE DEDANS ET VA EN PLUS NOUS INSULTER !
ET SI ON LUI PÉTAIT LES ROTULES, POUR LUI APPRENDRE LA VIE ?
LAISSE TOMBER, LÉO. ON Y VA.
DÉSOLÉ, JE N'ABANDONNE PAS. JE VEUX DES EXCUSES. ILS ONT FAIT EXPRÈS DE ME BOUSCULER ET ILS LE SAVENT !
DES EXCUSES ? TU RÊVES, GAMIN. T'ES CHANCEUX QU'ON SOIT EN PUBLIC SINON ON T'AURAIT DÉPOUILLÉ, TOI ET LA MEUF !
ESSAIE POUR VOIR !
LE PREMIER QUI TOUCHE À MON FRÈRE AURA AFFAIRE À MOI !
?

LES FRAGARD ! TOUJOURS DANS LES MAUVAIS COUPS, CES TROIS-LÀ !
REMBALLE TES MALABARS DE FRÈRES, JUDITH, ET VA JOUER AILLEURS.
ET POURQUOI JE FERAIS ÇA, BARBIE À ROULETTES ?
PARCE QUE MON BEAU-PÈRE EST TON PROF PRINCIPAL, MA BELLE. ET QUE SI JE LUI RACONTE TES AVENTURES, IL VA TE SAQUER ET TU VAS FINIR L'ANNÉE AVEC DES BULLES DANS TOUTES LES MATIÈRES. ÇA TE VA COMME EXPLICATION ?
TU VOIS, DEMI-PORTION. POURQUOI UTILISER LES MUSCLES QUAND TU PEUX TE SERVIR DE TON CERVEAU ?!
NE BOUGE PAS, LÉO.
PERSONNE NE T'A DEMANDÉ D'INTERVENIR, SARAH !
ET TU ALLAIS FAIRE QUOI, POIDS PLUME ? LES MATER AVEC LES TROIS PRISES DE KARATÉ QUE TON PÈRE T'A ENSEIGNÉES ?
SI JE SUIS LÀ, C'EST POUR REMPLIR UNE MISSION.
MAMAN ET CHARLES SOUHAITENT QUE TU RENTRES ILLICO À LA MAISON. QUAND LA NUIT TOMBE, LES PARENTS ONT PEUR. TU VOIS LE TRUC ?
DÉJÀ ? AMANDINE ET MOI N'AVONS PAS FINI NOTRE PETIT TOUR DE LA FÊTE.
IL Y A UNE AUTRE RAISON. REGARDE PAR LÀ.
?
La voix du centre. Nouvelle disparition mystérieuse. Ce matin, à Angers, et suite à la déclaration d'une mère de famille célibataire, Ludovic Darbois, tout juste 6 ans a été déclaré disparu du cabinet médical où sa mère et lui étaient en consultation. Le plan enlèvement a été déclenché dans toute la région. Les auto… Lire la suite
D'ACCORD, JE RENTRE MAIS À UNE CONDITION, ON RACCOMPAGNE AMANDINE CHEZ ELLE !
TANT QUE MA MISSION EST ACCOMPLIE AU BOUT DU COMPTE, ÇA ME VA.
C'EST GENTIL, LÉO, DE PENSER À MOI.
DE RIEN. C'EST ÇA L'AMITIÉ !
FOIRE AU PLAISIR
FOIRE AU PLAISIR

BYE, AMANDINE !
AU REVOIR, SARAH, AU REVOIR, KÉVIN. À BIENTÔT.
BON, BEN.
J'AI PASSÉ UNE TRÈS AGRÉABLE JOURNÉE, GRÂCE À TOI LÉO. ÇA M'A FAIT OUBLIER MES SOUCIS, MERCI.
HÉ HÉ ! MOI AUSSI, J'AI TROUVÉ ÇA TRÈS CHOUETTE !
ON SE VOIT À L'ÉCOLE, BISES !
T'ES VRAIMENT QU'UNE CHIFFE MOLLE, MON VIEUX. T'AURAIS DÛ LUI DIRE.
UN TRUC QUE JE NE COMPRENDS PAS, LÉO.
LES FRAGARD ONT RUINÉ MON RENDEZ-VOUS. TU M'AS EMPÊCHÉ DE DÉFENDRE MON HONNEUR. TU VEUX QUOI ENCORE ? ME POURRIR LA SOIRÉE ?
MEUH NON, TU SAIS BIEN QUE JE T'ADORE, MÊME SI TU N'ES QUE MON DEMI-FRÈRE !
QU'EST-CE QUE TU ME VEUX ? CRACHE LE MORCEAU !
POURQUOI TU N'AVOUES PAS TON AMOUR À AMANDINE ? ELLE SAIT BIEN QUE TU LA KIFFES GRAVE. ELLE N'EST PAS STUPIDE !
HA, C'ÉTAIT ÇA.
TU SAIS QUOI ?
OCCUPE-TOI DE TES AFFAIRES !
ALLEZ, ÇA VA. ON SAIT TOUS QUE TU ES TIMIDE.
C'EST PAS DU TOUT ÇA. J'ATTENDS JUSTE LE BON MOMENT, C'EST TOUT. ON PEUT PARLER D'AUTRE CHOSE ?

FAMILLE FORSANS
FAMILLE CHANOIS ET ZOVNIKOV.
PAS DE PUB
ON REGARDE QUOI ?
IL Y A "LA CITÉ DE LA PEUR" SUR LA 2.
ON LA CONNAÎT PAR CŒUR, TA CITÉ. ON NE PEUT PAS REGARDER AUTRE CHOSE ?
CHUT ET ÉCOUTEZ !
C'EST LORS D'UNE CONFÉRENCE DE PRESSE QUE JEANNE DARBOIS, LA MÈRE DU JEUNE GARÇON DISPARU, A LANCÉ UN APPEL.
MON PETIT LUDOVIC EST UN ENFANT TOUT CE QU'IL Y A DE PLUS CHARMANT ET DE PLUS GENTIL. JE VOUS EN PRIE, QUI QUE VOUS SOYEZ, RENDEZ-MOI MON FILS. C'EST UN PETIT INNOCENT ET TRÈS GENTIL.

ENCORE UN ENFANT DISPARU. ÇA FAIT COMBIEN MAINTENANT ?
DOUZE DEPUIS LE DÉBUT DU MOIS. LES DISPARITIONS SEMBLENT SE FAIRE À INTERVALLE DE TEMPS RÉGULIER.
C'EST GLAÇANT CES HISTOIRES.
ALLEZ, ON ARRÊTE DE PENSER À TOUT ÇA ET ON FAIT QUELQUE CHOSE DE PLUS JOYEUX !
ATTENDS, MAMAN ! REGARDE ! C'EST CE QUE JE DISAIS, LE OU LES KIDNAPPEURS SEMBLENT AVOIR UN PLAN TOUT TRACÉ.
LA VAGUE DE DISPARITIONS D'ENFANTS QUI TOUCHE LE PAYS DEPUIS PLUS DE DIX JOURS MAINTENANT SÈME L'EFFROI ET LA PEUR PARMI LA POPULATION.
LORIEN : 13 ANS
LUDO : 13 ANS
SAM : 14 ANS
LES ENQUÊTEURS ONT RÉVÉLÉ AUJOURD'HUI UNE CARTE QUI DÉMONTRE QUE LES AUTEURS DE CES ACTES AFFREUX POURRAIENT SUIVRE UN PLAN BIEN DÉFINI !
J'EN AI ASSEZ ENTENDU POUR LA SOIRÉE. FAISONS AUTRE CHOSE.
ET TU VEUX QU'ON FASSE QUOI, MON GÉNÉRAL ?
ÇA VOUS DIT DE PRENDRE VOTRE REVANCHE À DEAD DEAD II, LES ENFANTS ?
OUTLIVE
DEAD DEAD 2
LES PARENTS, VOUS JOUEZ LES ZOMBIES, NOUS LES SURVIVANTS.
CARRÉMENT, CETTE FOIS, C'EST MOI QUI PRENDS LA POMPOM GIRL AVEC LE FUSIL À POMPE.

UNE MYSTÉRIEUSE DISPARITION. 3 JUIN. CONSTERNATION AU COLLÈGE DES MURIERS À TOURS OÙ LE JEUNE NICOLAS, 12 ANS, A DISPARU HIER ALORS QU'IL SE TROUVAIT DANS L'ENCEINTE DE L'ÉTABLISSEMENT SCOLAIRE.
ENLEVEMENT ? DISPARITION ? L'AFFAIRE SE CORSE. 5 JUIN. DEUX JOURS APRÈS L'AFFAIRE DE LA DISPARITION DU JEUNE NICOLAS À TOURS, C'EST À POITIERS QUE LE DRAME FRAPPE. CLAIRE, UNE LYCÉENNE DE 16 A ÉTÉ VUE LA DERNIÈRE FOIS DANS LA SALLE DE CINÉMA OÙ ELLE S'ÉTAIT RENDUE AVEC SES AMIES. L'UNE D'ELLES TÉMOIGNE QUE LORSQU'ELLE A VOULU ALLER VOIR OÙ ÉTAIT PASSÉE CLAIRE, ELLE S'EST DIRIGÉE NATURELLEMENT VERS LES TOILETTES QUI D'APRÈS LES DIRES DE LA JEUNE FEMME DÉGAGEAIENT UNE TRÈS FORTE LUMIÈRE QUI A VITE DISPARU. DEPUIS, PLUS AUCUNE NOUVELLE DE CLAIRE. UN AVIS DE RECHERCHE A ÉTÉ LANCÉ DANS TOUTE LA RÉGION.
CINEMA PARADISO
DÉJÀ CINQ DISPARUS. ET PUIS CETTE HISTOIRE DE LUMIÈRE. C'EST TROP BIZARRE POUR N'ÊTRE QU'UN DÉTAIL.
QUI POURRAIT BIEN VOULOIR ENLEVER AUTANT D'ENFANTS ET DANS UNE PÉRIODE AUSSI COURTE ?
LES TÉMOIGNAGES SONT TOUS LES MÊMES. UNE LUMIÈRE AVEUGLANTE ET PUIS, PFUIIIT, DISPARITION TOTALE DE L'INDIVIDU.
ON SE CROIRAIT DANS UN FILM OÙ LES EXTRATERRESTRES DÉBARQUENT SUR TERRE.
À MOINS QUE CE NE SOIT JUSTE QUE DE MALHEUREUSES COÏNCIDENCES. ESPÉRONS QU'IL N'Y AURA PAS D'AUTRE CAS.

TIC ! TIC!
TAC ! TAC !
?!
TU VAS TE FAIRE POURRIR PAR MAMAN SI ELLE TE VOIT JOUER À CETTE HEURE.
CHUT. TU NE VOIS PAS QUE JE DORS ?
C'EST REPARTI ! CRANION, PLANQUE-TOI !
TIC ! TIC ! TAC ! TAC !
?!

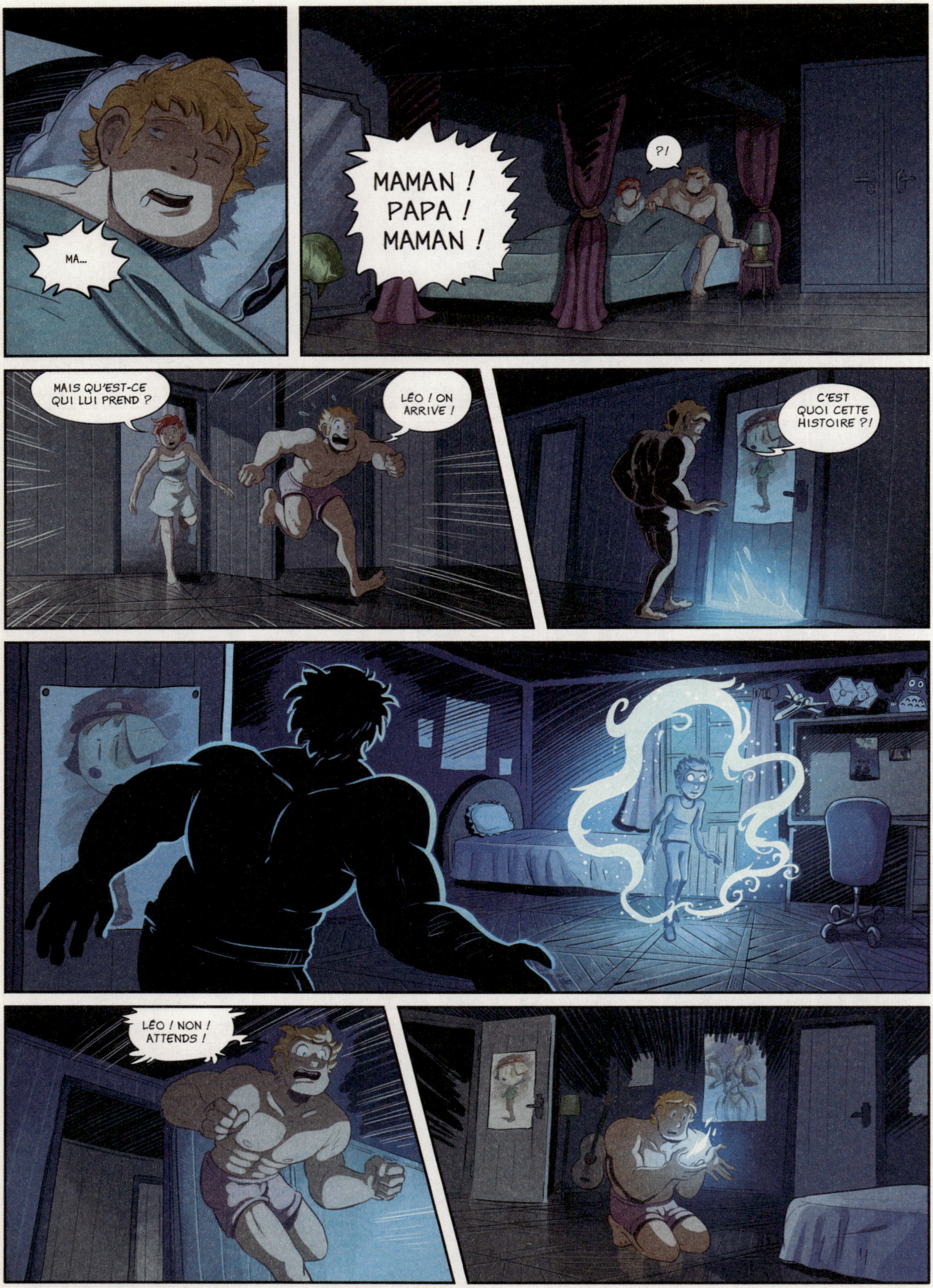
MA...
MAMAN ! PAPA ! MAMAN !
?!
MAIS QU'EST-CE QUI LUI PREND ?
LÉO ! ON ARRIVE !
C'EST QUOI CETTE HISTOIRE ?!
LÉO ! NON ! ATTENDS !

CHÉRIE ?
SARAH N'EST PAS DANS SA CHAMBRE !
!
!
MA CHÉRIE, C'EST MOI. TOUT VA BIEN ? SARAH ?
LES MONDES PARALLÈLES
glénat
LES MONDES PARALLÈLES
L'ENQUÊTE EXCLUSIVE

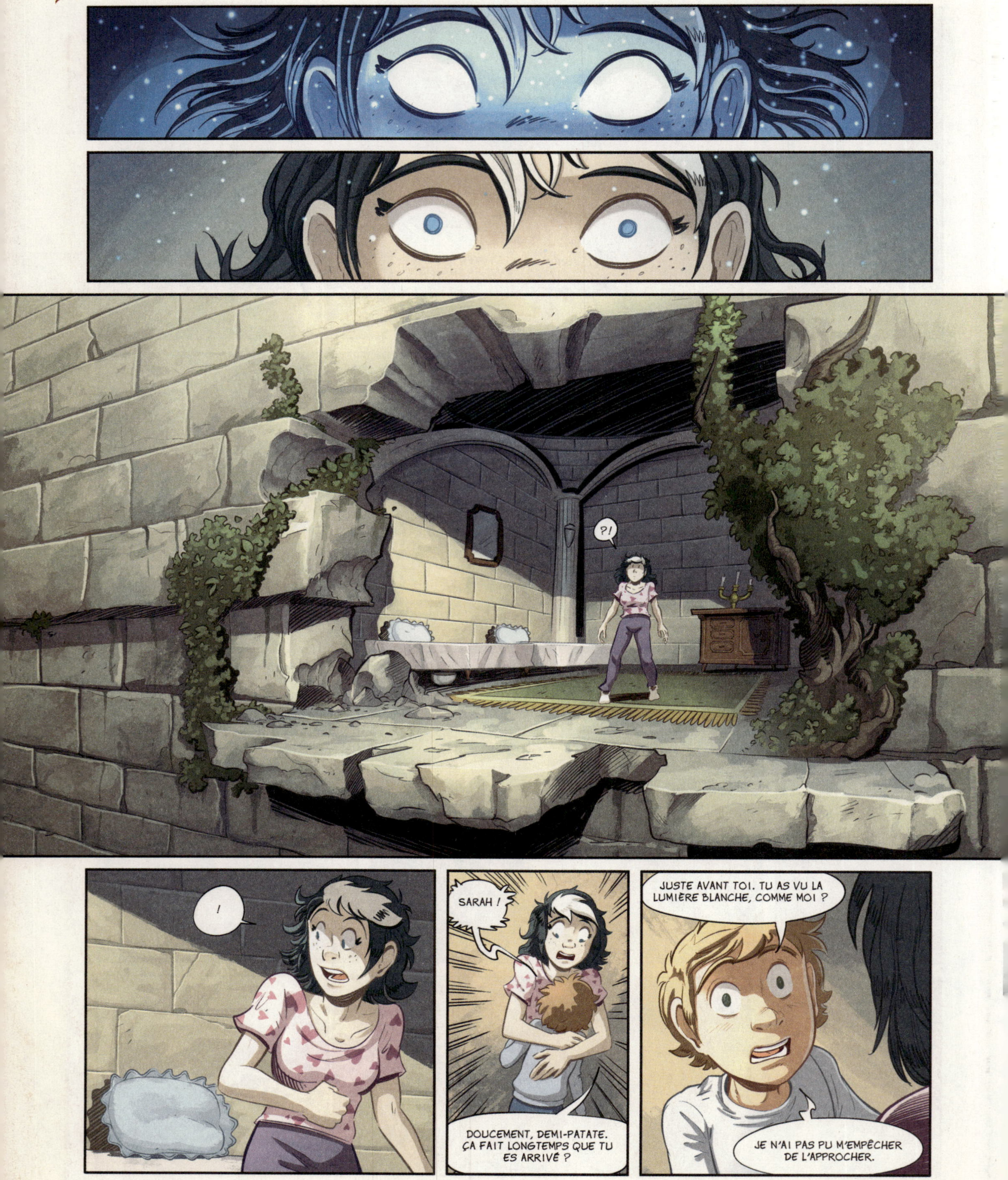
?!
!
SARAH !
DOUCEMENT, DEMI-PATATE. ÇA FAIT LONGTEMPS QUE TU ES ARRIVÉ ?
JUSTE AVANT TOI. TU AS VU LA LUMIÈRE BLANCHE, COMME MOI ?
JE N'AI PAS PU M'EMPÊCHER DE L'APPROCHER.

À suivre...

Supertchô!